ノブコさんの
ヨーロッパ・
ヒッピー旅

藤村延子

東京図書出版

はじめに

映画や本、音楽や小説、旅のカタログでしか見られない海外の風景や美術品、絵画、建築、世界遺産等々。

どうしても自分の目で見たい、出来れば手で触りたい、耳を傾けたい、身体で直接感じてみたい。

好奇心の固まりのような私はリュックサックと手提げカバン、パスポート、ユーレイルパス（ＥＲ）、ユースホステル（ＹＨ）会員証、５００アメリカドルと20万円、そして父が持たせてくれた新発売のオリンパス・ペンを手に、ヨーロッパに向けてソ連船バイカル号に乗って船出してしまいました。

時は１９６８年５月６日、１ドル３６０円でした。

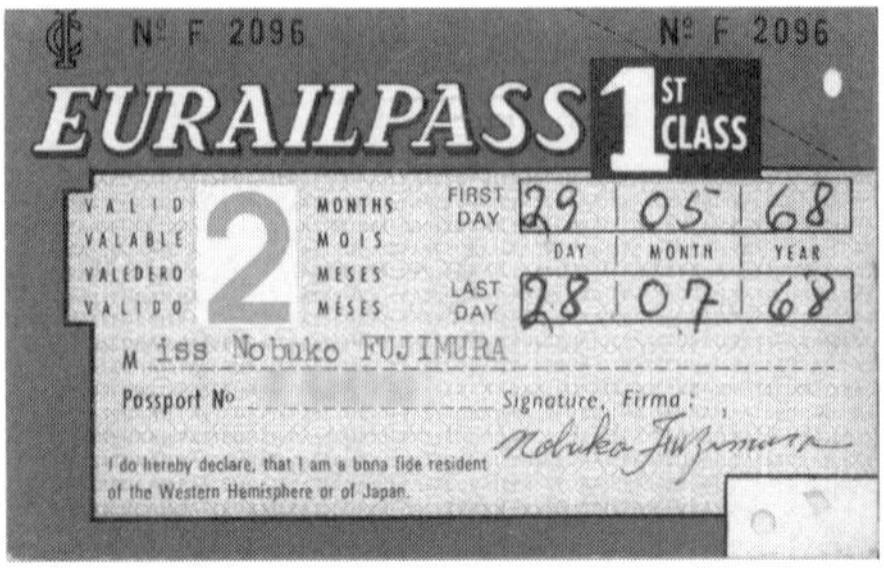

Nº F 2096
Nº F 2096
EURAILPASS 1 ST CLASS
VALID
VALABLE
VALEDERO
VALIDO
2
MONTHS
MOIS
MESES
MESES
FIRST DAY 29 05 68
DAY MONTH YEAR
LAST DAY 28 07 68
Miss Nobuko FUJIMURA
Passport Nº
Signature, Firma :
I do hereby declare, that I am a bona fide resident of the Western Hemisphere or of Japan.

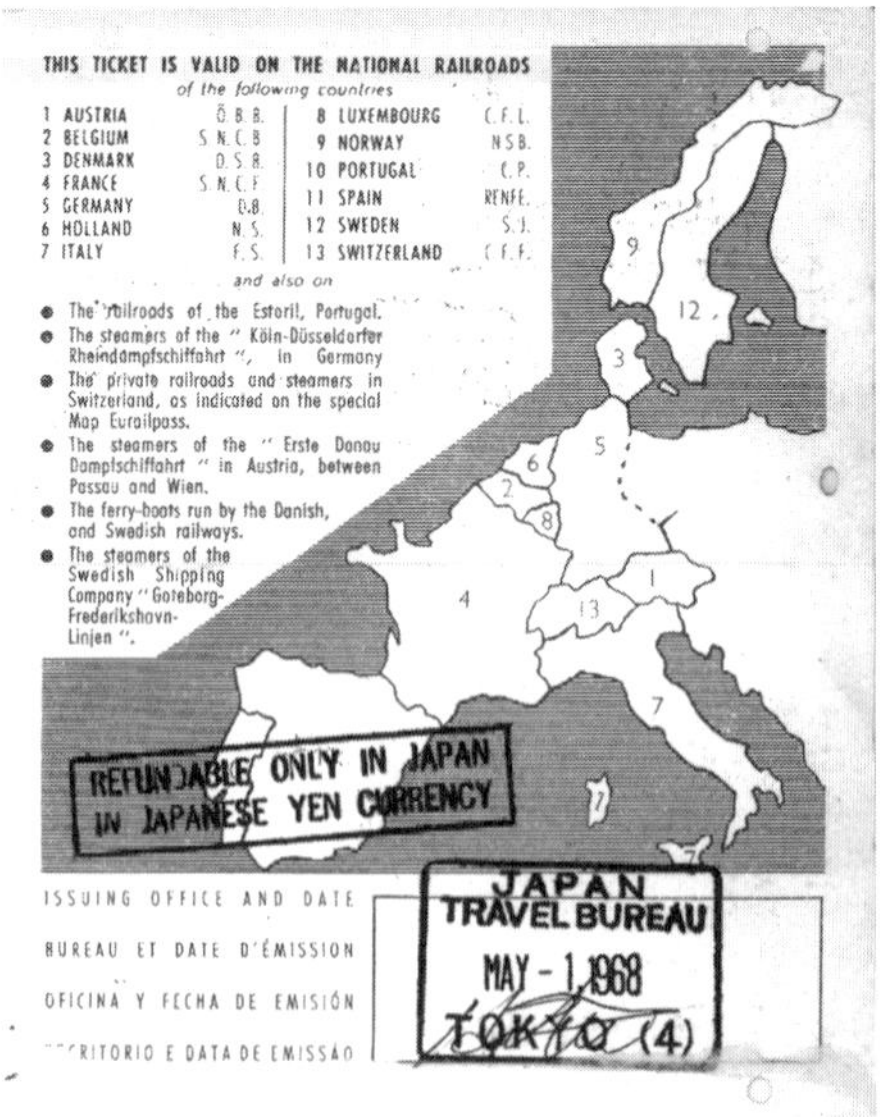

THIS TICKET IS VALID ON THE NATIONAL RAILROADS
of the following countries
1 AUSTRIA Ö.B.B.
2 BELGIUM S.N.C.B.
3 DENMARK D.S.B.
4 FRANCE S.N.C.F.
5 GERMANY D.B.
6 HOLLAND N.S.
7 ITALY F.S.
8 LUXEMBOURG C.F.L.
9 NORWAY N.S.B.
10 PORTUGAL C.P.
11 SPAIN RENFE.
12 SWEDEN S.J.
13 SWITZERLAND C.F.F.
and also on
The railroads of the Estoril, Portugal.
The steamers of the " Köln-Düsseldorfer Rheindampfschiffahrt ", in Germany
The private railroads and steamers in Switzerland, as indicated on the special Map Eurailpass.
The steamers of the " Erste Donau Dampfschiffahrt " in Austria, between Passau and Wien.
The ferry-boats run by the Danish, and Swedish railways.
The steamers of the Swedish Shipping Company " Goteborg-Frederikshavn-Linjen ".
REFUNDABLE ONLY IN JAPAN IN JAPANESE YEN CURRENCY
ISSUING OFFICE AND DATE
BUREAU ET DATE D'ÉMISSION
OFICINA Y FECHA DE EMISIÓN
ESCRITORIO E DATA DE EMISSÃO
JAPAN TRAVEL BUREAU
MAY - 1 1968
TOKYO (4)

ER パス

1968年5月6日(月)　晴れ

朝6時、父が車で横浜港国際船客ターミナル波止場迄送ってくれる。波止場の入口にプレハブの建物が建っており、それが出国管理局。9時50分到着、10時迄に管理局を通過が条件なので、セーフ。

父は「気を付けて行くんだぞ」と言うと振り向きもせず車に乗り、帰って行ってしまった。「船を見送るのは時間が長くて……」とも。

荷物のチェックと書類審査を受け、簡単なゲートを通過した途端、日本出国となる。

いよいよソ連船バイカル号のタラップを胸躍らせて上り、決められた船室に荷を置き、あらためて甲板に出てみる。

弟を学校へ送り出し、後から電車で行くと言っていた母が未だ着いていない。出国管理局の方に目を凝らして見るが姿は無い。

指定された船室には既に三人の男性が各自好きなベッドを確保していた。一番後から入った私のベッドは二段目しか残っていなかった。チ

バイカル号　チケット

ケットを見ると「A」となっている。「A」は下段だ。「A」に寝ている男性に声を掛けると、彼は頭から毛布を被り寝た振りをして起きない。ミニのワンピースを着ていた私は下から覗かれないように注意しながら荷物をベッドに置き、ショルダーバッグだけしっかり抱き甲板に出た。

足下の岸壁の方から「のんこ〜」と呼ぶ友人の声が聞こえる。タラップを岸壁まで下りると、職場の石綿さん、赤津さん、赤沼さんの三人がわざわざ会社を休んで見送りに来てくれていた。キャッキャッ言いながら写真を撮り合う。五色の紙テープを渡された。

バイカル号は午前11時出港となっているので、20分前には乗船していなければならない。再度タラップを上り、甲板の手擦りからさっき受け取った五色の紙テープを友人目掛けて投げ下ろす。

未だ母の姿が見えない。

それぞれのテープの端を掴んで「元気でね〜」「気をつけてね〜」と叫んでいる友人に手を振る。

その友人を掻き分けるように母の顔が見えた。やっと間に合ったと言うようにハアハア言いながら胸を押さえている。

手に何か持ってしきりに叫ぶが、送迎の人達の声で何と言っているのか分からない。

すると、スルスルと籠が船の上から下りる。その中に母が「何か」を入れると、又スルスルと籠が上がって来る。

船員がそれを私に届けてくれた。

太い木綿糸に通した五円玉の束だ。ざっと100枚は有る。

穴の開いた硬貨は殆ど無く、外国人には珍しがられるという事を母は知っていたのだろうか。

私はもう涙が喉元迄いっぱいになり、声に出して「有難う!」も言えない。無理矢理の笑顔で夢中で手

を振った。

午前11時、銅鑼の音と汽笛とで船はゆっくりと埠頭を離れ、横浜港を出港した。いよいよ出発だ！

母は白いハンカチを振りながら埠頭の突端迄小走りに駆けて来る。もうその先は海という所で止まり頻りにハンカチを振っている。

船の旅は送る方も送られる方も辛いのはこのせいかもしれない。

少しずつ、少しずつ遠ざかる岸壁の人々と五色のテープ。

父はこの永い時間の事が嫌だったのかもしれない。

東京湾を出ると波が高く荒くなり船は大揺れに揺れた。船先が変わると母の姿は見えなくなった。

船酔いも始まった。夕食もそこそこに、船室に戻りベッドに潜り込んでしまった。

1968年5月7日(火)　曇り時々晴れ

朝食を抜く。船酔いで何も喉を通らず。頭が脳ごとグルグル回る。

バイカル号の船医が酔い止めの薬を持って来てくれる。

「薬を飲んだら、食べ物が食べられなくても、水だけは飲んで下さい」と日本人より正しく綺麗な日本語で言うのには、びっくりした。

昼食は自分でもびっくりするほど沢山食べた。黒パンとバター、苺ジャム、そしてヴォルシチがやたらに美味しい。

コーヒーは不味い。その分紅茶が非常に美味しいので、ソ連にいる間は紅茶にすることにする。

ドイツに空手を教えに行くと言う船迫さんと同じテーブル。彼も一人旅だ。船迫さんは乗船と共に特別保管されてしまった「樫の木刀」の事が気に掛かって仕方が無い様子だ。

今日一日は房総半島沖から三陸沖を航行しているので波もあまり無く、遠くからだが海岸線の美しさも見える。

それを見ながら、船内の売店で購入した絵葉書で、会社の上司や同僚仲間に礼状を書き、備え付けのポストに入れる。そのポストはダンボール箱に穴を開けただけの物には驚く。日本に届くのかしら？　心配。

夕方「シャワー空きました」との連絡にパジャマと洗面道具を持って浴室に行く。驚いた事にアズレージョタイルの浴室、猫足のバスタブ、シャンプー等の浴室グッズもきちんと置いてある。真っ白なバスローブも掛かっていた。ゆっくり入浴。

船室の男性に浴室の素晴らしさを話すと、「船長専用の浴室」との事。「エッ！」と言ったきり声が出なかった。

夕食がいつもより早く始まり、早く終わったのには訳が有った。

食後大ホールに集められた乗客は、バイカル号船員全員からの歓迎を受けた。ウオッカを始め、ビールや日本酒やワイン、数々のおつまみ。

先ず、船長がピシッとした制服姿で「バイカル号

にようこそ！　今夜は皆さんの歓迎会を致します。ゆっくりとお楽しみ下さい」と流暢な日本語で挨拶をした。何と言ってもこの船の船員は日本人より正しく、美しい日本語で話すのに皆驚いている。

ウエイトレス、甲板員、副船長その他全員のロシア民謡、コサックダンス、乗客も一緒にフォークダンス、最後に『こんにちは赤ちゃん』の大合唱で終わった。

部屋に戻ると、時差の変更、一時間時計の針を進める。津軽海峡を航行中というのに、全く揺れない。甲板に出てみると波は無く、まるで油の上を滑るように船は行く。船迫さんが一人煙草を吸っていた。「僕、下戸なので」と言って船室に戻って行った。

空は満天の星。

午前2時就寝。

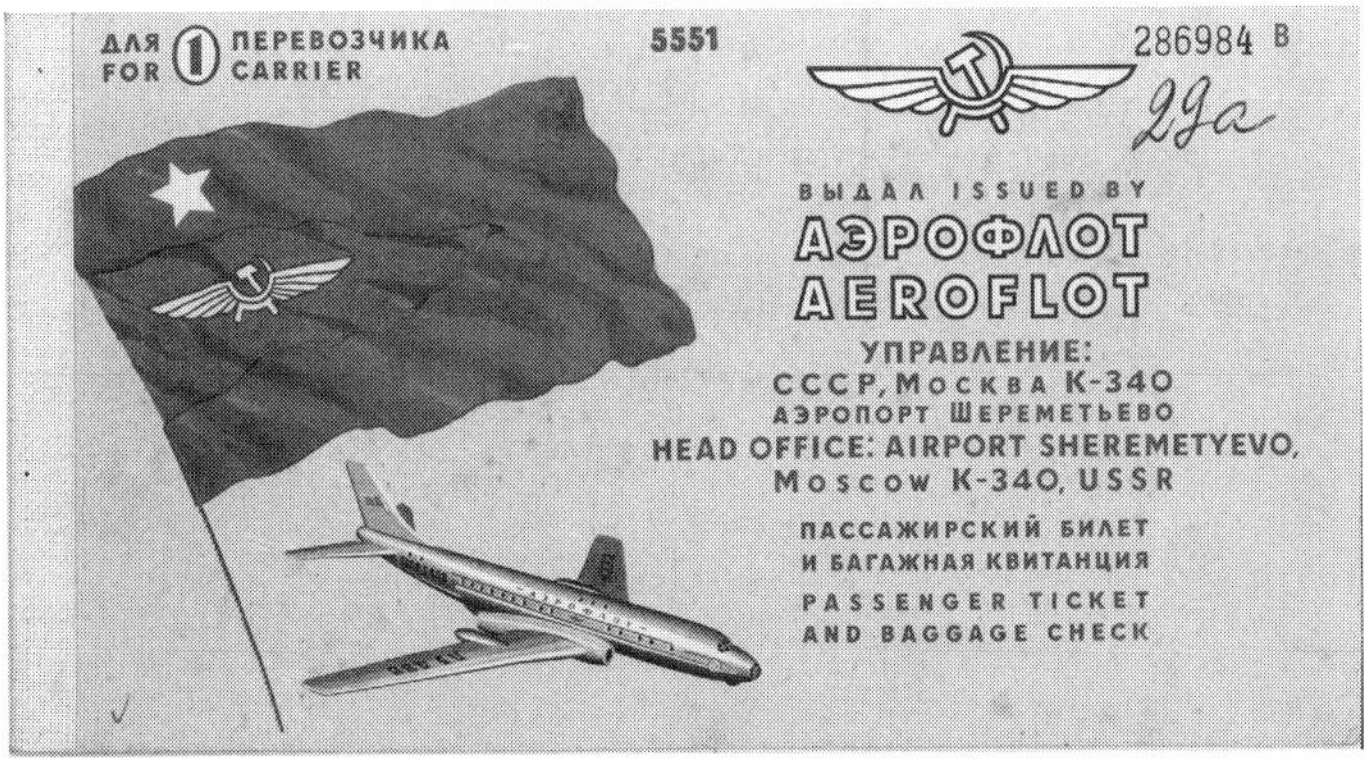

1968年5月8日(水)　晴れ

朝食。ロシアの黒パンはどっしり重いが思いの外美味しい。バターを塗り、その上にたっぷりジャムを載せる。ジャムはリンゴ、苺が好きなだけ載せられる。時々すぐりやブルーベリージャム等も出される。

一人で食事をしていると、船迫さんが同じテーブルに座る。朝の挨拶をする。彼はカリカリベーコンやウインナー等肉類を多く皿に盛ってバクバク食べる。ウインナーはキュウリくらいの太さと長さがある。見ているだけで私も元気になりそうだった。

食後の紅茶を飲みながら話をする。彼はドイツに空手を教えに行くとの事。もしドイツに来ることが有ればここにいますので、立ち寄って下さいと私に名刺を下さった。鹿児島生まれで海外に来たのは初めてだとも言う。楽しみと不安と意気込みを目を輝かせて語った。

夕方ナホトカに着く。税関の検査を済ませ上陸する。三台のバスに分かれて乗り、ナホトカの町を30分程回った。埃っぽい街の道路では子供の運動会、かけっこが行われていた。

ナホトカの列車の駅に到着。駅の両替所で千円だけルーブルにチェンジする。既に止まっている列車の座席は各自指定されていた。席を確認し荷物を運び込む。指定された座席は二人で一室、コンパートメント座席だった。今度は日本の女性と同室になりホッとする。

ふと線路の脇を見ると、ウオッカのビンを抱えたり転がしたりの男性達がうずくまってゴロゴロと寝ている。共産国はもっと厳しい体制を敷いているのではないか、と思っていたが……？

間もなく列車は走り出した。夜食は列車の座席の方で取る事になっている。一テーブル四人。黒と白のパン二枚にバターとイチゴジャム、それに小さなリンゴ。熱い紅茶は飲み放題。肉類は一つも無いので船迫さんは残念がっているかも……。

食事が終わると、ひたすら窓の外を眺めた。夜9時を過ぎたのにまだまだ明るい。延々と白樺林が続く。時々思い出したように家の灯りが見えた。

列車のコトコトと揺れる振動に気持ちよくぐっすりと寝てしまった。

1968年5月9日㈭　晴れ

朝8時30分起床。今日も晴天だ。白樺林は相変わらず続いている。9時朝食。朝の紅茶の何と美味しい事。ジャムを入れないで飲む。ハバロフスクには10時40分到着の筈が、11時をとうに過ぎて到着。駅でモスクワ迄列車で行く人と、飛行機で行く人とが分かれた。

サヨナラ！　元気でね！　どこかで会いましょうね！　思いは同じ。

飛行機組は約40名余り。観光バスに乗り街中に出た時、レーニン通りで小中学生の運動会が有り、マラソンの決勝に出会った。その為バスは少々ストップする。裸足で走る子も何人かいる。マラソンが終わった後、バスはアムール公園及びレーニンスタジアムを横目に見て、アムール河畔で全員が降り、アムール河迄行き河をバックに写真を撮る。

このアムール河畔には、シベリアに強制連行された日本兵のお墓が数え切れない程沢山有るのだとソ連の案内人は言う。特に墓標が有るわけでも無く、記念碑らしき物も無い。もしかしたならば、私達が河端まで歩いて行った足下にも亡くなられた日本兵の方々が眠っていたのかもしれないと思うと、私は知らず知らず手を合わせていた。

他にも、手を合わせたり、目を伏せて心の中で合掌する人もいて、様々な思いでバスに乗り込んだ。子供連れの親子が楽しそうに走り回っているのも何故か哀しく映る。

飛行機はモスクワ行き午後3時50分発だが、イルクーツクに行く人達5人とここで別れた。元気でね！

ハバロフスクとモスクワとの時差は7時間。飛行機には9時間半も乗るのかと思ったが、時差を差し引くとそれ程でも……。

飛行機はプロペラ機。下界は天気の良い事もあって美しい。デルタ地帯は銀色の蛇がくねっているように見えるし、墨流しのようにも見える。凍った池や沼、湖は油滴のようで本当に美しい眺めだ。

しかし、雲や霧の中に入った途端、機体は大揺れに揺れるし、視界は真っ白で何も見えない。プロペラ機なのが不安になってきた。

前の席の人が突然『青い山脈』を大声で歌いだした。日本人皆が同じように歌いだしたのには、自分も歌っているのに何だか可笑しくなってしまい、元気が出てきたのは不思議だった。

機体の揺れが落ち着くと機内食が運ばれて来たが、スチューワーデスは女性兵士か女性警官のようでニコリともせず、ヌッと突き出すように置いていった。怖い！

しかし、ソフトキャビアが少しだけ付いているので許しましょう。椅子が硬くて背中やお尻が痛い。

機がモスクワに近付くと窓のカーテンを一斉に閉めさせられた。モスクワ近郊及び空港全体を見せない為のようだ。

機から降りると直ぐ傍にバスが並んで三台待っている。泊まるホテルが決められ、それぞれのバスに乗せられる。仲良くなった船迫さんや都立大の小林教授、若林さんとも別れ別れになった。「さよなら」も言わずに……。

心細い！「でも、日本を出る時は一人だったじゃないか」と自分で自分に言い聞かせる。

ホテルはモスクワのメトロポールホテル。赤の広場の直ぐ隣だ。

ホテルに入ると、何とフロントの前に皆がいるではないか！先に着いていたようだ。飛び上がって船迫さんの所に駆けていった。

食事は一緒にと約束して、決められた部屋のキーを貰ってから行く。

荷物はそのままにして食堂に行くと、船迫さん、小林教授、教授の鞄持ちの男子学生さん、若林さん、アメリカ人のジミーとアンナがもう大きなテーブルに着いていた。私も船迫さんの隣に腰を掛ける。

さ～てそれからが大変だ。やっとやっと冷めたスープが来た。次の料理が来るのに20分以上待たされた。テーブルのパンを皆でボソボソと千切って口に運んで耐える。

それでもキャビアが食べられると思うと、文句も言わずじっと待つ。

最後の紅茶が熱々で出てきた時は、優に2時間は超えていた。

あ〜あ、70円のラーメンが恋しい！

生野菜が食べたい！　虫食いでないリンゴが食べたい！

考えてみると時差の関係も有るが、今日は一日31時間、食事も4回あった訳になるのだから、その分疲れた筈である。


食後ホテルの外に出てみようとしたが、目付きの悪い男の人が2〜3人、入口の所でウロウロしている。ホテルのボーイがそっとやって来て、私の目の前にパンフレットのような物を指差しながら、ロシア語で説明する振りをしながら、私をフロントの所まで連れて来て「出ては駄目」と言うように目で合図をした。「スパシーボ」と言って部屋に戻る。危なかった。荷物を整理した。

窓から見える月が赤の広場に美しく輝いている。それを見ているといきなり花火が上がった。お祭りなのか大勢の人の声がしきりにする。

明日に備えて早めに休みましょう。

追：家から持って来たトイレットペーパーが有ったので助かった。ホテル備え付けのペーパーは茶色の封筒みたいにカサカサ否ガサガサ、時にはツルリだった。

1968年5月10日㈮　晴れ

やっぱり疲れていたのか9時迄寝てしまった。朝食抜きになった。10時にモスクワ市内の観光バスが来る事になっているので、着替えてフロントホールに下りて行く。

昨日と同じメンバーと思って乗ったが、若林さんだけ朝早く出発してしまったので、今日からは会えないとの事。一寸淋しい……。

モスクワ市内を約3時間半も見て歩く。プーシキン広場、チャイコフスキー記念音楽堂、モスクワ大学、クレムリン宮の中のレーニン博物館、ボリショイ劇場、ウスペンスカヤ寺院、最後に赤の広場とワシリー寺院とグム百貨店を見学した。

ロシア風英語とロシア語の案内なので、半分は分からず。後は自分なりの勘と案内人のジェスチャーで理解し、取りあえず頷いておく。

観光が終わった後、今度は一人で赤の広場に行き、ワシリー寺院を写真に収めようと思い出掛けてみたが、傍のグム百貨店に入ってみた。

百貨店というより市場の雰囲気だ。

モスクワ遠望

モスクワ大学前

ワシリー寺院前

ボリショイバレエのチケットを買おうと探したが売って無いようだ。

赤の広場に出て、出会った人に英語で聞いてみた。

「バレエダンス・チケット」と何度も聞いてみるが、皆周りに集まってくれるが首を傾げているばかりだ。

えい！　と思って『白鳥の湖』のメロディーを口ずさみながら白鳥のように両腕を優雅にヒラヒラさせ、クルリと回って見せた。

すると全員が一斉に口を揃えて「オテル、オテル」と叫ぶ。何の事は無い、自分のホテルのインフォメーションで売っている事が分かった。

そこへ、様子がおかしいと思ったのか、大きな体格の二人連れがやって来た。周りにいたロシア人はサッと散った。

「ＫＧＢだな！」私は思ったが、平気な顔で咄嗟にワシリー寺院を指差し、カメラを指差しシャッターを押すまねをして、寺院をバックに写真を撮って欲しいと彼等にカメラを渡した。ポーズを取る私。

心の中で「ＫＧＢに写真を撮らせるなんて、私ぐらいかな？」と思う。

ワシリー寺院は修理の為か、足場が組まれているし、2～3カ所はシートが掛けられているが仕方が無い。

ホテルで買ったバレエのチケットはＳ席で3ルーブル20カペイカ。１ルーブル４００円だから、約1280円ぐらいだ。安いと思った。

露木さんと坂本さんが着物を着ていくと言うので、二人の着付けを手伝い、私も浴衣しか持っていなかったが、「えい！」と着ていく。但し三人とも履物は靴だった。

夕方、手に入れたバレエのチケットを持って三人はボリショイ劇場にシャラシャラと出掛けた。

残念ながら、バレエの演目は『白鳥の湖』で無く『ドン・キホーテ』だが仕方が無い。現地で見たせいか素晴らしかった。その素晴らしさに思わずスタンディング・オベーション。あちこちから花束やテープが投げられ、何度もカーテンコールされた。

最後に幕から出てきたドン・キホーテがいきなり私達の所に近付き、三人を舞台に引っ張り上げた。拍手を貰ったのも大切な思い出になった。

ホテルに戻る時、又、赤の広場を通ったが、高く聳える塔の上に大きな赤い星が光り、白い月が下界を照らす夢のような夜……でした。

今日は色々な事が有ったな〜〜〜。

ベッドに入ったのは午前1時を過ぎていた。

1968年5月11日(土)　晴れ

8時半起床。ツーリストに今夜乗る列車のチケット（PM11時40分レニングラード行き）を取りに行く。

その足で船迫さん、小島さん、ウイリアム（アメリカ人）の四人でトレチャコフ・アートギャラリーへ行く（30カペイカ、約1200円）。

『波』『木陰でまどろむ婦人』息を飲むほどの素晴らしさだ。どれも素晴らしいが、ビロードや絹のスカートの描写は、つい手で触ってみたくなるほどの素晴らしさだった。それなのに、絵葉書は印刷も紙も悪く、買ってはみたが、母に送るのに躊躇した。

昼食をとりにホテルに戻る。黒パンとバター、ジャムと紅茶の簡単な食事だった。食後は皆それぞれの部屋に戻ったが、私は地下鉄に乗ってみたくて一人で出掛けた。

傾斜が45度もありそうなエスカレーター、その上速く深い。しっかり摑まっていないと飛んで行ってしまいそうだ。

地下鉄のホームに入る時は係員がいるが、出る時は何の指示も係員もいないので、出たのかどうか判断が付かない。地下鉄の運賃は全て5カペイカ。しかし、地下鉄の駅の素晴らしさにはただただびっくり。

深く、天井が高いのと各駅毎に違ったマーブル（黒、赤、ピンク、緑、白、紫、グレー、青等と、それ等をモザイクにしたもの）で敷き詰められており、まるで美術館のように美しい。

ソ連では地下鉄の駅で有ると共に、防空壕でも有るとの話を聞いた。車両は速いだけであまりにも素っ気無いものだった。

赤の広場、グムの前の地下鉄から出た時、一人の女性が私の腕を引っ張ってグムのトイレに連れて行くと、私の穿いているナイロンストッキングを指差し、自分の首から琥珀のネックレスを外し、頻りに交換したいとジェスチャーで示す。

私は「ホテルに新しいのが有るから、一緒に来なさい」と言って女性にホテルで渡す。ネックレスは貰わなかった。

赤の広場でワシリー寺院を見ていると、今度は10歳ぐらいの少年が私の持っている「ボールペンが欲しい。これと交換して欲しい」とやはりジェスチャーで示し、掌を開くとそこには『ガガーリンの記念コイン』が光っていた。

その少年を連れてホテルに行き、彼を喫茶室に待たせると、ジュースを頼んでから私は部屋に急いで戻り、赤、黒2本のボールペンを持って来て、渡した。コインは大事に持っていなさい、と日本語で言って彼を帰した。

◎ナイロンスリップ……10R10K（４４００円）
◎男性靴下（一番安い物）……1R80K（７２０円）

未だ時間が有る。再び赤の広場迄出掛けた。やっぱりワシリー寺院をしっかりと見たい。寺院を見ながら歩いていると日本人のグループがやって来た。

私に向かって「Are you Japanese?」と聞く。「Yes, I am」と答えた。

すると今度は、「Can you speak japanese?」と聞く。「Yes, I can」と答えた。「Oh, nice!」と言ってそのまま行ってしまった。何が「Oh, nice」なのか分からないが、日本語で話せるのなら日本語で話せば良いのにと後になって思ったのだが、自分でも可笑しかった。

ホテルのエレベーターの前に立っているとボーイが呼びに来て、喫茶室に案内した。二人の部下らしき兵を後ろ向きに立たせた軍服姿の人がソファーに足を組んで腰掛けていた。

私が座ると彼は服の片方を広げ内ポケットの分厚い札束を見せ、私のカメラを指差しフランス語で何か話した。どうも「カメラを売って欲しい」と言っているようだ。私は「断ったら捕まるのかな？」とドキドキしたが丁寧にお断りした。

彼は服のもう片方を広げ、やはり札束を見せる。私は首を横に振った。

彼は暫く私の顔をじっと見ていたが、私が黙っていると、ズワッと立ち上がり二人の部下を怒鳴りながら帰って行った。怖かったー！

夕食時、今回で皆とお別れだと思うと少し淋しかった。一人で夜汽車でレニングラードに行くのだもの。船迫さん、さようなら……。他の人たちは全員ウイーンを経てヨーロッパ入りする。淋しいけれど必ずヨーロッパのどこかで出会う事でしょう。

荷物を持ってフロントで駅迄送ってくれるタクシーを待つが、なかなか来ない。列車の時刻に間に合わないと大変な事になる。ギリギリやって来た。何とか発車のベルの鳴る列車に飛び乗った。荷物を運んでくれた赤帽に10カペイカ渡す。

『アンナ・カレーニナ』のように列車が立ち昇る蒸気の中からスーッと出て来る姿をイメージしていたのに、それどころでは無かった。

寝台車に乗ると、指定されたシートに座る。同室の三人は既にベッドを設えて横になっていた。上段に女性、下段に男性が一人だ。後は私になる。お互い挨拶も無く同じブースに寝るのは、何とも気分が悪い。

急いで来たので、やたらに喉が渇くが仕方なく飴を舐めて我慢する。

スックリと立ったアンナ、次の瞬間列車に飛び込んだ場面は、本を読んだ時から私の脳裏に現実として留まっていたのに……。

いつの間にか眠りについた。

1968年5月12日(日)　晴れ

午前7時10分、レニングラード駅着。昨夜は雨が降ったが、朝にはすっかり晴れていた。太陽が眩しい。

トランクは重いしホームは低い。重いトランクを下ろすのに困っていた時、見つけた！「体格の良いＫＧＢの二人連れ」だ。

掌を上にして手招きをする。「何だ！」というようにやって来た。モスクワのＫＧＢと同じスタイルだもの、直ぐ分かるわよ。

「この荷物、下ろして！」と手真似で言うと、二人は互いに顔を見合っていたが、仕方ないと思ったのか、睨むように二人してトランクを下ろしてくれた。

丁度その時、インツーリストの担当者が来てくれ、オストリアホテルへ送ってくれた。ツーリストの担当者は、ＫＧＢに荷物を下ろさせている私を見てびっくりしたそうだ（観光客は大事にしなくちゃ……ね）。

フロントへパスポートを出し、部屋（４３７号室）のキーを受け取りエレベーターに乗る。４３７号室は四階ではなく五階になるのは日本と違う。

荷物を置くとそのままにして、すぐロビーに下り観光バスに乗るつもりでいたが、ロビーにいたアメリカ人と話をしている内に乗り遅れてしまった。

どうしようかとロビーのソファに腰掛けていると、キチンとした背広とネクタイをした一人の黒人の青年が近付いてきて「日本人と話した事がないので、少し話をしたい」と綺麗なキングスイングリッシュで話してきた。

「少しの時間なら……」と言うと、「日本に一度は行きたいと思っているし、京都、東京、日光等に行ってみたい。今私はケンブリッジ大学の学生で、今日は教授のお供でモスクワ大学に来ていますが、生まれはアフリカのジンバブエの酋長の息子、ファーストサンで、正統な後継者です。いずれは酋長です。国には同じ部族の第一夫人がいる、第二夫人はイギリス人。そこで第三夫人は日本人にしたいので、貴方はどうか？」と言う。会ってから5分も経たない内に結婚申し込み！　日本人のお嫁さんが欲しいだけなのである。丁寧にお断りした。「牛30頭と5カラットのダイヤの婚約指輪」とも言うが「私は第一夫人で無ければ嫌です」と、やはり丁寧にお断りした。

未だ旅は始まったばかりだ。アフリカのお嫁さんになったなんて聞いたら、父も母もきっとびっくりするだろうと思う。それとも「貴方らしい」と言うかも……？

仕方なくオリンパス・ペンに三脚を付けて持ち、エルミタージュ美術館まで探し探し行くことにした。

通りかかった聖イサック寺院に入る（20カペイカ）。ドームの中央から振子のような玉が下っていて、右に左にゆっくりと揺れている。ドームの中は極彩色で美しい宗教画が描かれている。何か聞きたいと思うのだが、ロシア語とフランス語なので、あまりよく内容が分からない。

そこを出てエルミタージュに向かう。入口で三脚付きカメラを強制的に預けさせられてしまった。

縦横に広い部屋があり、アローラインに沿って歩いて行くが、暫くすると同じ所に出て来てしまう。30〜40分うろうろ。時間は充分あるが、一つでも多く見たいと思う私はイラつく。

大きな部屋を幾つも見るが、物は雑然と置かれていて、彫刻や絵はきちんと整理されておら

聖イサック寺院

ず、説明はロシア語とフランス語のみ。

だがどうした事かイタリアのカメオの部屋に紛れ込んでいた。

超一級品のカメオの細工ばかりにはただただ驚きと感嘆の限りだった。

それでもウロウロする時間が多かったのか、とうに昼が過ぎてしまっていた。ホテルの昼食は間に合わないので、諦める。

迷い迷いやっと出口（入口）に辿り着いたが、見落とした部屋や作品が殆どだと思うと口惜しい。三脚付きカメラを取り戻した時は何故かほっとした。

エルミタージュ美術館前でフィルムを交換しようとした時、新しいフィルムを入れ損ない、全部光を入れてしまった。口惜しい！

イライラしながら道を横切ったとき、一台の車は止まったのに、その後ろから来た車は、信号が赤なのに猛スピードで私擦れ擦れまで来て、急ブレーキで止まった。飛び退いた私とその運転手は互いに睨み合う。私は目を逸らさず、黙って相手の目をじっと睨んで数分。私の睨みが効いたのか、車は行ってしまった。

こんな所で死んでたまるか！　未だヨーロッパを見ていないのだから。

エルミタージュの裏を流れるネヴァ河に出ると、二人の老婦人が木のベンチに腰掛けている。三脚をカメラに付けているので、老婦人と一緒に写真を撮ろうと思った時、老婦人が二人とも手を振って駄目駄目をする。何のことかと思いはしたが、私は二人の隣に腰掛けた。

アッ！　あの体格の良いＫＧＢがこちらに来るところだ。大慌てでカメラを引き揚げ難を逃れた。二人の老婦人もホッとしていた。

河、鉄道の駅や分岐点、国の重要な箇所は写真を撮る事は禁止されているからだ。見つかれば、その時点でフィルムを全部取り上げられてしまうし、抵抗すれば、逮捕されるとの事だ。危ない！　危ない！

二人の老婦人にお礼のつもりで、桜と富士山の絵葉書をプレゼント。


4時過ぎ、ホテルに戻ったが昼食抜きだし、夕食までは未だ2時間はある。部屋に戻ると、日本から持ってきた塩煎餅を食べ、ぬるま湯に角砂糖を溶かして飲んだ。熱〜いコーヒーが飲みたいよ〜。

やっと6時。夕食に食堂に行くと、一人なの

レニングラード　ネヴァ河をバックに

で一人旅のアメリカ人と同じ席にして欲しいとウエイターに言われた。中年のアメリカ人だった。

とにかく日本人は私一人なので心細い。英語も自由でない私。単語を並べただけの会話では話が弾まない。互いに頭の中はムニャムニャだろうと思う。

思い切ってソフトキャビアと新鮮な野菜サラダを注文した。

ソフトキャビアは美しいボヘミアンガラスの器に盛られていた。サラダはと言うと、ヘチマほど大きいキューカンバが5ミリほどにスライスされ、それが10枚ほど大きなお皿にぐるりと並べられて出て来た。

フレッシュサラダはこれだけ？

仕方なくキュウリの皮の部分をナイフでぐるりと切り取り、その上にソフトキャビアをスプーンいっぱいに盛って口に入れてみた。

前に座っているアメリカ人は私のする事を黙って見ていたが、私の真似をすべく同じ物をオーダーし、同じようにして食べた。

二人はやっと同じ思いでニヤッと笑いあった。美味しかったのです。

食事が終わり、アメリカ人と別れた後フロントに行き、明日乗る列車とタクシーの確認をする。

シャワーを浴びた後、早めに就寝。

1968年5月13日(月)　雨後曇り後晴れ

朝6時少し前に目を覚ます。凄い雨だ。困ったと思ったがとにかく朝食を簡単に済ませ、荷物と共にロビーでタクシーを待つ。

7時、タクシーが来て駅まで送ってくれる。

列車は7時30分発。一日1本の国際列車で終点はフィンランドのヘルシンキ。

いよいよソ連を出るのだ。残念なようでも有り、ホッとでもある。

駅のホームで5～6人の日本人グループに出会う。互いに話すことも無く、彼等は私の乗って来たタクシーに乗って行ってしまった。

さ～て、いよいよソ連を離れてヘルシンキに行くぞ！　と思うと凄く嬉しかった。何と言っても素晴らしい物は沢山有るが、ソ連全体の重苦しさに辟易していた私はオーロラの国に行くのが楽しみだった。季節的には今は無理だが、何か柔らかい明るさが期待出来た。

昼食が無いので、駅の売店に走って行ったが、例の如く延々と並んでいて、出発時間ギリギリ迄並んでみたが、なかなか私の番にならない。とうとう何も買えずに時間がきてしまい、急いで列車に戻った。

列車で前の席に座ったのは、ヘルシンキの両親の元に帰る女子大生スーザンナ。彼女はハンガリーのチェコ大学の寮に入りながら勉強していると言う。ヘルシンキに戻る時、又、大学に戻る時、この国際列車に乗るそうです。

スーザンナはフィンランド語は勿論、ロシア語、英語、ハンガリー語を話せるとの事。父親はヘルシンキ大学の教授で、9カ国語を話せるとの事だ。凄い！ うらやましい！ どうしたらそんなに話せるの？

日本の絵葉書、切手、ここでも母からの五円玉をプレゼントする。するとスーザンナはヘルシンキの家に是非来て欲しいと言って、住所と電話番号を紙に書いて渡してくれた。

私は明日の夕方6時にお訪ねする約束をする。

列車がソ連からフィンランドに入る手前で止まり、ソ連の役人が怒ったような顔で、パスポートの提示を求める、いや、命令する。

列車の止まった所は左右見渡す限り何も見えない程の草原が広がる。

パスポートを調べている間に、後の二人の部下役人は座席のシートを開け、大きめのトランクは皆開けさせられ、脱国する人間がいないか徹底的に調べる。その間、役人達は一言も口を開かず無言だ。

列車が少し動き、又止まる。列車の半分がソ連を出て、フィンランド側に跨った時、ふと窓の外を見て私は背筋が凍った。

列車の右にも左にも、各々15人くらいのソ連兵が銃口をこちら側に向け、いつでも発砲出来る態勢で立っている。一番端の兵士はピストルの銃口を左手の手首に乗せたままじっと誰かを狙っている。

スーザンナを見ると、「大丈夫、大丈夫」と言うように、目で笑いながら頷いていてくれる。少し安心はするが、何かの拍子に銃弾が飛んで来るか分からないと思った。お尻が座席から浮いているのが自分でも分かった。どうも落ち着かない。

そうやって次々調べ終わるまで、止まったり動いたりを繰り返し、ソ連を出るまで2時間以上も掛かった。

完全にフィンランド内に入ると、今度はフィンランドの検察官からやはりパスポートの提示を求められたが、さっと見ただけで直ぐ返してくれた。ソ連の役人とは違ってにこやかに「ようこそフィンランドに」と英語で笑いながら話しかけてくれた。地獄から天国だ。


いよいよスオミの国だ！　湖、池、沼の数が増えてきた。

家もソ連の乾いた冷たい感じから、木の家のファミリアルな風情にいっぺんに変わった。

空気さえ優しく変わった。

ヘルシンキ駅に着く。インフォメーションに日本人がいてびっくり！　でも助かった。ユースホステルの事をたずねると、宿泊料5マルカ（約550円）とかなり高い。食事は別料金になると言う。２泊の予約を取って貰い町でパン（0・6マルカ）、キュウリ（0・34マルカ）、ハム（0・62マルカ）を買ってタクシーでユースに行く。運賃忘れた。

ユースは何とオリンピック競技場の選手の控え室だ！　ベッドは野戦病院のようなテントシートを張った鉄のベッド。

夕食を摂る。買って来た食料と、日本から持ってきたお茶漬けの素にお湯を入れ、スープの代わりにして飲む。やっぱり日本の物は美味しい。フィンランドは物価が高い。素敵な国だけれど早く出た方が良さそうだ。

ユースでの部屋割りは、男女もシート一枚で分けられているだけだ。

早く寝よう！　でもベッドが硬いな～……。

1968年5月14日㈫　曇り後雨後曇り

朝8時起床。昨夜から朝にかけて寒いので、時々目が覚める。あまりに寒いので、隣の空いているベッドの毛布を一枚引っ張り掛けた。

起きてから直ぐ残ったパンとハムとチーズとキュウリの尻尾で朝食を済ます。温かいコーヒーが欲しいが、そんな気の利いた物は無い。

駅のインフォメーションで地図を貰い、ユースで出会った外国人5人と港の市場に行ってみる。そこで5人と別れ、一人ブラブラと市場の店を見て歩く。大きなキュウリを半分買う。50ペニア（約60円）、日本なら5本で30円だ。パン、チーズ、ウインナーを買うが高い。

雨が激しく降ってきた。近くの建物の軒先で雨宿りをするが雨はすぐ上がった。隣に立っていた人にセント・ニコライ大寺院への道を尋ねていると、通り掛った老船員が一緒に行ってくれると言う。しきりに「ヨコハマ、コーベ、ナガサキ」と言って自分の鼻を指差す。

セント・ニコラス大寺院に着いた時、老船員と「キートス」と言いながら握手をした途端、いきなり髭面の顔で頬っぺたに濃厚なキスをされてしまった。突然の事なので、道の真ん中で私はキャーと奇声を発してしまった。老船員もびっくりして「ごめん、ごめん」と言いながら行ってしまった。一寸悪かったかなと思ったがもうその人はいなかった。

又小雨が降り出した。ユースに戻ったが、昨日ユースで出会った大川さんが雨に濡れ、ふるえながらドアの前に佇んでいた。3時前なので入れてくれないのだと言う。私のスカーフを首に巻いてあげる。少しは温かいかも……。30分ほど待って、やっと中に入れた。


今日夕方6時、スーザンナの家を訪問する事になっている。

運良く雨が止んだ。一人で国道に出てバスを待つがなかなか来ない。

ガソリンスタンドで給油している車から手招きしてくれる男性がいる。車を見ると日本のいすずの車だ。ゆっくりと英語と日本語と少し覚えたフィンランド語で「ここへ行きたい」とスーザンナが書いてくれた住所の紙を見せる。

スタンドの従業員も出て来てくれ、車の男性に「お前の家の近くだ。帰るんなら乗せてやりな」と言ってくれた。男性は「乗りなさい」とドアを開けてくれる。一寸心配したが、乗せて貰う。

「日本の車は良い。自慢だ」と言う。嬉しくなって絵葉書を渡す。10分程でスーザンナの住むアパートメントに着く。

白い3階建ての綺麗な建物だ。スーザンナの両親がニコニコと迎えてくれる。日本のアパートとは格段に違い、広々としており、家具や絵もセンス良く、高級な感じだ。外は寒いが部屋には小さいながら暖炉が有り、優しい暖かさが感じられた。コーヒーのいい香りがしたと思ったら、サンドイッチと共にコーヒーボウルにたっぷりと入れて出して下さった。ソ連ではコーヒーが不味く、とても飲めなかったが、やっと香り高いコーヒーにありつけた。

バンザ〜イ！

夕食は日本と比べると、割に簡単に終わった。食後はスーザンナの写真を見たり、私が持って行った富士山や桜、金閣寺の絵葉書の話で楽しんだ。スーザンナのお母さんは自分で織ったフィンランド織りの栞を下さった。日本から持ってきたタバコのピースをお父さんに、漆塗りの箸をお母さんにプレゼントすると二人とも大喜びしてくれた。箸の使い方を皆の前で教える。

「ホー」と二人とも感心する。

9カ国語を話すというお父さんに「日本語は？」と聞くと「これから勉強しようと思っていたところ……」と笑って片目をつぶった。

9時過ぎたので帰る事になった。タクシーを呼んでくれると言ったが、バスで帰ると言い、国道まで出たが、残念、バスは最終が出てしまっていた。少し歩き出したが、暖かい部屋から出たからなのか、どんどん歩き出してしまい、小一時間も歩くと、オリンピック競技場の屋根が見えたので、とうとうユースまで歩き通してしまった。

でも、やっぱり疲れた。こんな知らない北の国で、夜遅く一時間も小雨降る道を歩くなんて、やっぱり私は無茶苦茶な人間だ！　おやすみ。

1968年5月15日(水)　雨のち晴れ

今日も雨、がっかり。ヴァイキングコースでストックホルム迄行くつもりで駅まで行ってみる。列車の時刻表を貰ってユースに戻ってくると、同宿していたアメリカ人のマリーンがナーンタリ迄ヒッチハイクするつもりなので、一緒に行かないかと誘って来た。

空も明るくなってきたので、晴れるかも……。

○ヘルシンキ……〔ヒッチハイク〕……トゥルク……〔ヒッチハイク〕……ナーンタリ……〔船〕……ストックホルム。

マリーンは縦長のリュックを背負っている。私は重いボストンバッグが気になるが、何とかなるだろう。よし！　新しい冒険だ！

まずトゥルク方面を目指す事にして国道に立ち、走ってくる車に左手の親指を立てて車に乗せて欲しいとサインを送る。マリーンと二人で同じようにするが、車はなかなか止まってくれない。

マリーンが言った。「背の高い私より、背の低い可愛い東洋人（私は日本人だ！）が立てば必ず車は止まる」と言うのだ。場所を少し移動して、私が前面に立ち、マリーンは少し後ろの木の陰に隠れた。

クラクションを鳴らして一台の赤い車が止まってくれた。「トゥルクまでは行かないが、途中までは行く」と言う。「それでも良い」と言うと後ろのドアを開けてくれた。

サッと座席に座ったのはマリーンだ。私はびっくりしてオタオタしてしまったが、もっと驚いたのは車の男性だった。今更「駄目」とも言えず、そのまま走り出した。

マリーンはヒッチハイクにかなり慣れているようだ。どこで降ろされるかドキドキしている私。のんびり外を眺めているマリーン。2時間ほど走った時、道が二股に分かれた所で降ろされた。

又、さっきと同じように親指を立てて、走る車に合図する。ブルーの車が止まって後ろのドアを開けてくれた。やっぱり木陰からマリーンが素早く飛び出し後部座席に乗り込んだ。

私はトランクを後部座席に押し込んで助手席に乗った。日本車のスバルで、ノークラッチの車だ。マリーンを振り返って、一寸自慢顔。

ふと見ると男性は右手が義手。義手の手は指だけ出る革の手袋でハンドルに載せたままだ。左手だけでハンドル操作するし、ラジオも左手で入れた。運転している間、彼は一言も言わない。黙っている。

沼の傍にあるレストランで止まり、マリーンと私にホットドッグとコーヒーをご馳走してくれる。「ありがとう」と私は日本語で頭を下げた。日本車に乗っているから、「ありがとう」くらいは分かるだろうと思ったからだが、彼は「ありがとう」と言った。私は又頭を下げた。

何かお礼をと思ったが、生憎塗箸も絵葉書、折紙もトランクの中だ。仕方なく母が持たしてくれた五円玉と金閣寺の切手を渡した。彼は黙って見ていたが、又「ありがとう」と言って財布に仕舞った。そして彼は義手を私に見せながら「ドイツとの戦いで失くした」と言った。

その車からは10キロ程走った所で降ろされた。車は森の細い道に消えたが、私は暫くその車の後ろを見ていた。トゥルク迄は未だ遠い。

マリーンは又私に国道に立てと促しておきながら、自分は沼の淵に建っているサウナ小屋の写真を撮っている。一寸嫌気が差して、私は自分のトランクを足に挟んで国道を見詰めたまま、ただ黙って立っていた。

すると、赤い車がスーッと止まってくれた。運転手はわりに若い男性。今度はマリーンが自分で助手席のドアを開けて乗り込んだ。

私は仕方なくマリーンのリュックサックと自分のトランクの間に挟まれ窮屈に乗っていた。マリーンは若い男性と英語で楽しそうに話している。「トゥルク迄行くと言ってるわよ」と自分の手柄みたいにニコニコしながら言った。

一応バンザーイ！　だ。季節が真冬なら、オーロラを見る事が出来るのに……残念！

トゥルクに着いた時、彼は時間が有るから町の中を案内すると言ってくれた。荷物を車に残し、私とマリーンは彼を真ん中に町の中をあちこち見て歩く。古い教会、スナメリオ博物館（昔のフィンランドの職業を見せる）、靴屋、薬屋、時計屋、パン屋、毛皮屋等だ。案内してくれる女性は皆その当時の服装で案内してくれる。

雨が降り出したが、傘を差して次々案内してくれる。農家に入った時、女性は昔のフィンランドの歌『カレワラ』を歌って楽しませてくれた。ヘルシンキでは何となく淋しかったけれど、こんなに楽しく過ごせて、これからの旅が楽しみになって来た。残念なのは、ヘルシンキで「シベリウス公園」に行き損なった事だ。

彼は私に絵葉書を一枚買ってくれた。マ

スナメリオ博物館

リーンはビールを買ってもらって一人で飲んでいる。全く勝手な人だ。雨は止んだが、空はどんより雲っている。

次に彼は現在は博物館になっているが、古いお城に連れて行ってくれた。美しいシャンデリアの輝く居間、大きなベッドの有る寝室、君主や后の絵もあちこちに掛かっている。又、民芸品、古い昔のピアノ二台も置いてある。小さなテラスからの眺めは素晴らしい。

地下に行くとそこは台所。その又地下に下りるとそこは牢獄。首、手、足を拘束する鎖もそのまま残っている。

城を出た時、すっかり雨は上がり、気持ちの良い天気になっていた。彼はコーヒーを飲もうと店に入る。静かな店で丁度日本だと、風月堂といった感じ。音楽も静かに低く流れていて落ち着く。

店を出た後、私達はお礼を言って別れようとしたら、彼はどこかに電話を入れた後、港町ナーンタリ迄送ってくれると言う。申し訳ないと思いながらお願いした。

日本に帰ったら必ずお礼の手紙を出すつもりで、彼の住所を書いてもらった。五円玉と日本の塗箸をお礼に差し上げた。

ナーンタリ迄のドライブは、マリーンも私も安心して楽しんでいた。

港町ナーンタリからは大きな船、列車が何両もそのまま入ってしまう程大きなフェリーで、ボスニア湾をスウェーデンのカペリスカヤ迄行く航路でヴァイキングコースに組み込まれているのと、白夜ツアーの豪華船でもある。ＥＲパスを使えないので切符は別に買った。船賃一人8マルク7ペニヒ（約１０００円くらい）だが、チケット売り場が閉まっていて船に乗り遅れそうでハラハラする。出航間近にやっと開いた。

船のシートが大きくて快適。手持ちの食料は少なく、マリーンと二人で分けると、ほんの一口だった。コーラを一本買って分けて飲む。

そんな事をしていると、もうマリーンは男友達を見付け仲良く話している。フィンランドの青年らしい。背が高く、緑色の目が美しい。

それがどうした訳か、マリーンに10マルク紙幣を二枚渡したがマリーンは「Ｎｏ」と言って青年に突っ返した。一体何なの？　それなのに、マリーンはその青年と二人で船の二階に上がって行ったが、暫くして二人は階段を下りて来た。二人とも笑って話している。私の前に来ると、10マルク紙幣を一枚、又一枚と落とし、後も振り返らずに再度二階に上がって行った。

私には何が何だか分からない。二枚の紙幣を拾ってマリーンと青年を追い駆け、二人に「貴方のです」と言って無理矢理押し付け、私はシートに戻り、寝た振りをして何にも言わず目を閉じていた。

夜10時過ぎても写真が撮れるほど明るい。これが白夜なのだ。

何とも面白い、そして不思議な一日だった。

マリーンはリュックサックを私に預けたまま、どこに行ったのか戻ってこなかった。

1968年5月16日㈭　晴れのち雨

昨夜はコートを被って船のシートで寝たが、いつまで経っても外は明るく、ウトウトしただけで起きてしまった。

船のラウンジに出て行くと、レストランにはヴァイキング様式で大きなテーブルに見事な料理が銀の皿に盛られ、並べられている。

「何事？」と思っていると、もう少しで白夜セレモニーが有り、その為の料理だというのだ。

甲板の方が急に賑やかになった。海の上を見るとまさに太陽が海の波に付くかと思ったらピョンと跳ねるように太陽が上昇し始めた。

あちこちでポン！　ポン！　ポン！　とシャンペンの栓が開けられる音がする。小瓶の緑色のシャンペンのビンを持っている人が何人もいた。

「ブラボー」「ブラボー」の大勢の歓声。

そして、いよいよレストランでは飲めや食えや、歌えや踊れとばかりに賑やかに白夜セレモニーが始まった。美味しそうな鮭の燻製、ソフトキャビアの盛り付けられたフォアグラ、トナカイ肉の香草燻製、牡蠣や蟹も銀の皿に盛られている。新鮮なサラダも出ている。一目散に私は食べまくった。

ふと、思った。8マルク7ペニヒでこんな豪華な食事をして良いのだろうか？　……と。

マリーンを捜してみたが、当然いる筈と思っていたが姿は見えない。

「まっ！　良いか。万一追加料金を請求されたら、アメリカドルも有るし、トラベラーズチェックも持っている。何とかなるわよ！」強気だ。

更に好きなチーズやサーモン、プチケーキ、どんどん食べた。

船は大きいせいか殆ど揺れない。太陽はどんどん昇る。お腹が膨れると、気も大きくなってきたようだ。

ボーイが銀の皿を持って一人一人お金を集めている。

「いよいよ来たか」ボーイは私に「コーヒー？　ティー？　ワイン？」と英語で聞く。私は「コーヒー」と言うと「5ペニヒです」と言う。

一ドル紙幣を2枚出すと、1ドル戻してきた。コーヒー代1ドルだけで、あんなに豪華な食事。「本当に良いの？」と聞きたい。

後でマリーンに聞いたら「Sクラスのセレモニー」だったんだそうだ。私はどうかした弾みにそのSクラスのセレモニーに迷い込んでしまったらしい。マリーンの口惜しがる事口惜しがる事。

意外に私ってラッキーガールかも……。

船がスウェーデンに着く迄、コートを被って寝てしまった。

午前5時半目が覚める。洗面を済まし、甲板に出てみると海は青いのに霧で何も見えない。こんな現象が有るのだろうか？

時計を一時間遅らせ、スウェーデンタイムに変更する。

午前6時、船はスウェーデンの北、エストハンマルに着いた。

マリーンは又、ヒッチハイクをやると言う。私はストックホルム迄行ったら、その後は一人で行動したいと言った。船から降りてくる車に、端からストックホルムに行きたいので、乗せて欲しいと頼む。ストックホルム迄は１００㎞くらいは有る。一人なら良いという車に無理矢理頼んで二人乗せて貰う。一人は危険だから……。

ストックホルム・オペラハウスの前で降ろして貰う。マリーンとはここで「さよなら」をする。

オペラハウスの前の運河に舫っている「チャップマン」は元王室のヨットだったが、今はユース・ホステルになっている。早速予約に行くが、人気のあるユース・ホステルなので、ほぼ満員。やっと一泊だけ予約が取れた。なかなか予約は取れないらしい。

荷物を置いて、銀行にマネーチェンジに行き、その足で町に出ると、トルカディア博物館に行く。学生証（タイプライター学院の）を見せると、入場料は2クローネが1クローネ（約70円）で入れた。

戦艦ヴァーサ号を見に行くが、４クローネと言われ外だけ眺め、その分ホットドッグを買って帰って来た。

ユース・ホステルは5時まで入室出来ないので、ロビーでホットドッグを食べながら、仲良くなったアメリカ人の男女と日本人の中林さんと旅の情報を交換する。中林さんは明日このストックホルムでアルバイトを探しに行くと言う。

5時、やっと入室出来る。荷物を整理し、シャワーを浴び早めにベッドに入った。船のユース・ホステルは世界でここ一カ所なので貴重な一泊だ。泊まれるのは28～30人くらいとの事。一泊だけでもラッキーだ！と思った。雨が降り出し船は揺れ、目が覚めてしまった。

チャップマン（ヨットYH）

寒い国ばかり回って来たせいか、日本に帰りたくなってしまったが、粘って日本を出て来た以上、頑張らなくてはと思い返す。寒い国は物価が高い。もっと色々と見て歩きたいが、高い食品の事ばかり考えて、ゆっくり見学する気が失せてしまう。何か追われるようで旅の楽しさが充分感じられないのだ。

明日はオペラハウスを見にいこう。そして様子によっては南へ向かう事にしよう。夏になったら、もう一度改めて来てみよう。

1968年5月17日㈮　雨

朝7時半に目覚める。外は雨だ。今日も一日寒いだろうと思うとうんざりする。

食事にホールに上がって行くとホットティーにミルクを沢山入れて（0・75クローナ）食パン、チーズ、キュウリ、テーブルに置いてあったサラダ、それに日本から持ってきた海苔の佃煮で済ませる。

熱いお湯を貰って、もう一度ティーバッグを入れて飲む。節約しなければ予定の金額では生活が続かないからね。

中林まき子さんがやって来て、今日バイト紹介所に行くと言うので、私も駅にERパスの確認に行くから一緒に行く事にした。

取りあえずオペラハウスを見ようとしたが、朝早くて開いていなかったので、諦めてアルバイト紹介所に行く。

中林さんの希望は「老婦人で子供がいない人のハウスキーパー」をと担当者に伝える。私はアルバイトをするつもりは無いので、黙って椅子に座っていると、隣のブースにいた女性担当者が私に「ベビーシッターを求める上流家庭があるがどうか？」と言って来た。更に「日本人のベビーシッターなら大歓迎なんだけど……」と言って来た。

アルバイト希望では無いが、条件を一応聞いてみる。

「上流家庭、40代夫婦と高校生の男の子、6歳の女の子。この6歳の女の子のシッターを望んでいる」との事だった。「ペイは直接交渉してみて下さい」と言う。何故なら「日本人のシッターなら、普通より多く出したい」とも言っているそうだ。

何となく面白そう！　子供は好きだし、スウェーデンの上流家庭も覗いてみたいと思い、取りあえず了解した。

担当者はすぐ電話をしていたが「タクシー代を先方が出すから直ぐ来て欲しい」との事。

中林さんと別れ、タクシーに乗りさっき担当者が書いてくれたカードを運転手に見せると、タクシーはどんどん郊外へ走ってゆく。10㎞程先だと言う。静かな住宅街に入る。何とか村113番地である。

タクシーの運転手さんに私はお金を持っていないので暫く待ってと頼み呼鈴を押す。

出て来た人を見てびっくりし、考えていた言葉がすっかり消えてしまった。ファッションモデルかと思った。黒のビロード、足元の広がったズボンに同じベルト、薄い絹の白いブラウス、髪は金色に輝いている。ブルーの目をしている美しい婦人がいた。その上大きな指輪と金のブレスレット。私は言葉が出て来ない、目だけパチパチ……だ。

子供が沢山飛び出して来た。子供の誕生日パーティーだとの事。私は男の子の一人に五円玉をあげた。

婦人はタクシー運転手に12クローナ（820円くらい）払った後、私を二階に案内し、仕事の条件に付いて話し合う。夫人は英語で話してくれる。元々はアメリカ人だったとも話してくれた。家族は夫婦と二人の子供（高校生の男の子・キングダムの女の子）、犬一匹猫五匹との事。

先ず仕事の内容（キングダムの女の子のベビーシッター）はOK。

ベビーシッター料は600クローナを提示する。夫人は400クローナと三食、専用の部屋を用意するという。その上週6日を5日で良いと言う。私は月料金と思っていたが週単位の料金だった。勿論OK。

次は期間について話す。私は旅が目的なので最高2カ月間と言うと夫人は困ったようだ。6カ月間にならないかと聞いて来た。

夫人の話によると「来月から4～5カ月間自家用ヨットでヘルシンキ、コペンハーゲン、オスローを回り、その後南下しアムステルダムを回る事になっている」との事。「本当はギリシャ迄行きたいが高校生の夏休みはそれ以上取れない。その間女の子のベビーシッターとして一緒に来てほしい」と言う。「貴女が行きたい所が有ればそこで船から降ろしてあげる」とも言う。

いくら考えても無理だと思う。ヨットでの船酔いを考えるとどうやっても無理！　また6カ月も無理。唸りながら考えたが「残念です」と丁寧にお断りした。夫人も残念そうに頷いた。

日本人のベビーシッターは評判が良いとの噂が有り、尚の事残念だったみたいだ。

ふと気付くと可愛いシルバーの髪の女の子が、私のスカートの裾をギュッと握り締め、悲しそうな顔で見上げている。目には涙が……。

私も辛かったが仕方がない。女の子と握手してからバイバイと手を振った。船旅6カ月で無ければきっと仲良くなったのにと、思った。

帰るのに5クローナ下さるとの事。10クローナ札を出し5クローナお釣りをくれと言う。これには驚いた。5クローナ持っていないと言うと、高校生の男の子と一緒に駅まで行き、お金を崩して5クローナを私に渡すように言い付けた。駅まで歩いて行き途中の店でお金をくずし、私に5クローナを渡してくれた。駅で電車が来る迄話をする。彼はスウェーデン語と英語で話した。私がスウェーデン語は全く分からないと感じた彼は英語で話してくれた。5円玉と絵葉書を上げる。

「貴方のお母様は素敵ですね」と言うと「私もそう思います」と言う。そして暫く考えてから「あの人は二度目のお母さんです」と言う。

こんな場合、何て答えて良いか判らず「そうですか」と小さな声で言った。「貴女が来てくれたら良かったのに」とも言ってくれた。

私が「電車が来るまで待つのは大変だから早く帰りなさい」と言うと彼は淋しそうにポケッ

トに手を入れたまま「さよなら」と言うと振り向きもせず帰っていった。握手もしなかった私も寂しかった。良い少年、いや青年だと思った。もっと色々話したかったたと思った。

涙を溜めた女の子との別れは何と言っても辛かった。電車の中で私も涙した。残念だが旅を無駄には出来ない。お金も大事だが「日本を出た目的はヨーロッパ旅なのだから……」と考える。今回はスウェーデンの上流家庭を覗き見出来たと思い、勉強になったと思う事にした。

電車賃1・40クローナ（約100円）。

電車を終点で降りたが場所がどこか判らない。タクシーに乗っても言葉が通じないだろうと思い、道に立っている老婦人に尋ねると「このバスに乗りなさい」と言う。1クローナを見せて「これで大丈夫か？」と聞くと、勘違いしたのかバス代を払ってくれた。その上、花を一本（水仙）とゼリー菓子を下さった。ゼリーを食べなさいと言う。喜んでご好意に甘えた。「富士山に桜」の絵葉書を差し上げる。

オペラハウス前で一緒に降りてから別れた。別れ際にホッペにキスをしてくれた。涙が出るほど嬉しかった。夕方5時過ぎになっていた。

チャップマンに戻るとまき子さんがボーイフレンドと出掛けるところだった。以前貸した2クローナを返して欲しいと言うと、あっさり返してくれた。2クローナだって今の私には大切なお金です。

荷物を取りに部屋に戻るとマリーンがお出掛けの支度をしていた。荷物を持ってロビーで友人と話をしているとマリーンがやって来てボーイフレンドが車で来るから駅まで送ってあげると言う。夜10時少し前にボーイフレンドは来た。駅まで送って貰いマリーンとは東京での再会を約束して別れた。色々と有難う。マリーンがいてくれたので安心してヒッチハイクも出来たし、色々と楽しかった。私を囮に車を止めさせる技は経験豊富なマリーンでなければ出来ないだろう。

23時コペンハーゲン行きの列車に乗るつもりで時刻表を確認する。いよいよ一人旅だ。不安と期待、駅のベンチに腰掛けて感じた。

日記を書いていると直ぐ列車がホームに入って来た。ファーストクラスのコンパートメントに乗り日記の続きを書く。お腹が空いたので何か食べようとリュックの中を見たがキュウリが一本だけしか無い。もう店はどこも開いていないので買い出しが出来ない。仕方ない、キュウリをかじる。

コンパートメントに二人入って来た。三人だとシートをベッドに直せない。見送りの人の声が聴こえたが列車は何の合図も無く走り出した。窓の外を眺める。街の灯りが美しく見える。

今晩は静かにこのまま休みましょう。

車掌がやって来た。ERパスを見せる。ERパスに初めて日付が入ると思っていたら、車掌は一寸見て「OK」と言っただけでさっさと行ってしまった。何だろう?

1968年5月18日(土)　曇り

朝7時に目覚める。やはり一番に窓の外を見てお天気を確認してしまう。旅では天候が楽しさを決定してしまうからだ。今日の天気はあまり良くは無いが、雨は降っていない。

マルメに列車が到着すると、大勢の人が降りる。私も降りるのかと思って前の席の人に聞くとこのままで良いと言う。

40分程待たされた後、列車はバックして船着場に到着する。

船に乗り換えて一等のシートに席を取り、荷物を置くと食堂に行く。

先に入っていた客が、テーブルから自由にパンやチーズ、コーヒー等を取って食べているので、私も同じように取りに行く。この分は船賃に含まれているのか聞きたいが、誰に聞いたら良いのやら、又、聞くと笑われそうな気もするので黙っていた。

取りあえずお腹が空いているので、パンにバターをたっぷり塗り、ジャムを山盛りにして思い切り食べる。50クローナ持っているから多分大丈夫だろうと思いながら食べる。今食べておかないと後で又ひもじい思いをするのではないかと心配になるからだ。

本当に食事には頭を磨り減らすものだ。

代金は5・25クローナ取られた。コーヒー、オレンジ、チーズ、バター、パン、苺ジャム、ビスケットでした。一寸もったいない気もするけれど仕方ない。今思えば、ナーンタリからの船での出来事は夢のような気がする。

向かいのテーブルに老婦人が淋しそうに座っているので、キャラメルの紙で鶴を折ってあげると、とても喜んで手に持って眺めていた。

今夜コペンハーゲンのユース・ホステルに泊まれると良いのだが、行ってみなければ分からない。その時はその時、どうにかなるでしょう。

船はあまり揺れず助かる。船がデンマーク側に到着し、すぐ列車に乗り換える。外は雨交じりの寒い風が吹いている。

コペンハーゲンに行く列車に一等車両は無い。普通車両に乗る。

ストックホルムでもそうだが、船に乗る時も列車に乗る時も、ろくに切符やパスポートを見ず、「どうぞお乗り下さい」とか「ようこそコペンハーゲンに」と笑顔で言うだけだ。後で困らないのかしら？

それに列車も船も、何の合図も無しに走り出すのでうっかり出来ない。

乗物に乗る時に切符をチラッと見せるだけなので、上手くやればキセルも出来るだろう。私はやらない。日本人としての誇りがあるから……。

コペンハーゲンに着いて直ぐユース・ホステルに行く。

ユースに行くのには船、渡し船様の船に乗る。小学生の団体が乗っていた。その内の一人の男の子が右手にアイスクリーム、左手に火の付いた煙草を指の間に挟んで代わる代わる口にしている。びっくりしていると引率の若い先生が自分も煙草を吸いたいのか煙草を持って男の子に火を貸してと言っていたのには二度びっくりした。日本では決して見られない光景だ。

昼の12時迄事務所が開かない。それまでホールでデンマークの子供と鶴を折る。

12時事務所が開く。予約を取るが、今晩一晩しか空いてないと言う。明日の予定を組むのに、駅のインフォメーションまで行って時刻表を貰い、帰りに小さなパン屋でパンとチーズを買って帰る。ユース・ホステルに戻り、チーズを開けたらブルーチーズ。私はブルーチーズが苦手。急いで取り替えに行くと、店主が嫌な顔をしたが結局他のチーズと替えてくれた。ごめんなさい！

パン屋からの帰り、やっとそぼ降る雨が上がり、微かではあるが、太陽が出て来た。綺麗に刈り取られた緑の丘に小さな教会が有り、直ぐ傍に緑の屋根に白い壁の瀟洒な老人ホームが建っていた。

一人の老婦人が車椅子に座っていたが、私を見つけると手招きした。時間はたっぷり有るので近付いて行くと、老婦人はしきりに話し掛けて来る。デンマーク語でもあり、老人特有の口の中でモグモグと話すので、何を言っているのかまるで分からないが、私の手を握って離さず、帰ると言うと涙を流して何かを訴えているようだった。

「揺りかごから墓場まで」の北欧でも、やはり老人は淋しいのだ。

ユース・ホステルの前の池で、白鳥、黒鳥、鴨と子供達と遊ぶ。

夕方（と言ってもかなり明るいが）子供達はチボリ公園に遊びに行くと言って親子5人で出掛けて行った。

コペンハーゲンのユース・ホステルは、日本には無い家族専用棟も有るようで、設備も良い。図書館も付いていて、アンデルセンの童話集等も置いてあるようだ。

同室になった日本人の女性から「明日はこのユース・ホステルを出なければならないんだがどうしよう」と相談されたが、私も同じで助けてあげられない。私は「明日はアンデルセンの生家、オーデンセに行くつもりだけれど、一緒にゆく？」と聞いてみたが、彼女は考え込んでしまい何の返事も返って来なかった。

9時過ぎても外は写真が撮れる程明るいが、明日の事を考えて早めにベッドに入った。

1968年5月19日(日)　晴れのち雨

目覚まし時計に起こされる。直ぐ外を見るのはこの頃の癖になっている。カーテンから流れてくる陽が薄いようだが、雨では無さそうだ。

何とか良い天気になりますように……。

食堂に行き、手持ちの食料を食べていると、前に座ったフランス人の女の子が、私の食べている海苔の佃煮を不思議そうに見ている。女の子のパンの隅に一寸付けてあげると、ソロソロと舌で舐めてみたが「セ・ボン」と言い、今度はべったり塗って美味しそうに食べた。

アアーッ、もったいない!

アメリカ人2名、フランス人、ドイツ人、私と5人の女性が揃って駅に荷物を置いた後「人魚の像」を見に行くことにした。どのバスに乗れば良いかと聞くが、聞く人、聞く人皆違うので、遂に地図を頼りに歩いて行く事になった。

日曜日なので、店はほとんど閉まっているがウインドウの飾りつけは美しいので見るだけでも楽しい。

海の見えるところに出た時、大きな岩の上に人魚姫が海の方を見ながら座っているのをみつけた。楽しみにしていた人魚姫だったので凄く嬉しい。しかし思っていたより小さな像だった。

写真を何枚も撮り、5人も代わる代わる撮りまくった。ただ、対岸の何本も立っているクレーンが気分を壊すけれど……。贅沢を言うなら、夕日を浴びた人魚姫に会いたかったな〜。

駅に戻る途中、街角で売っているホットドッグの良い匂いが空いたお腹に刺激を与えるが、観光客相手の為か普通より高いのだ。

5人が駅前で信号待ちをしていると、近くのレストランからプロ用カメラを持った男性が出て来て「その儘で良いから写真を撮らせてくれ」と言って来た。その上で住所を書かされた。後で写真を送ると約束した。何なんだろう？雑誌？　新聞？　本当かどうか分からないが、5人皆一応書いた。

駅で、さっきより安いホットドッグで5人は

人魚姫の像

遅めの昼食をとったが、夜の10時45分の夜行に乗る迄時間は充分有る。５人で町の中や駅構内の店のウインドウショッピングをして、何とか時間を稼ぐ。いつの間にか男性の日本人２人が加わり、７人になっていた。

不良青年が我々７人に対し、何か汚い言葉を投げ掛けたり、からかったり大笑いしたりしていたが、全員無視していた所に二人の警官がやって来ると、サッとてんでに逃げて行った。

後から加わった高橋さんにウイーンについて色々と話して貰う。いずれウイーンにも行くので楽しみだ。

19時、２人のアメリカ人と別れた。彼らはノルウェーのオスローを目指すと言う。オスローの北フィヨルドを見に行くと言う。２人の乗った列車に手を振った後、５人は折角コペンハーゲン迄来たのだから、チボリ公園に行ってみようという事になり出掛けた。

雨が降り出し寒いが、チボリのネオンが美しく輝いており、園内の美しさも垣間見える。入場料３クローナだが、５人の内チボリに行った人は４人で入った事の無いのは私一人だった。皆はチボリよりホットドッグの方が良いとの事で、私はチボリかホットドッグかで迷った。３クローナといえば日本円１５０円くらいだけれど、やっぱり空腹には勝てなかった。チボリ公園の中がよく見える所を見て回って満足する事にする。残念。

身体が少し温かくなると又元気が出て、列車の出る時間迄待てた。

クロンボルグ・ヘルシンガー城を見たかったが、次の機会に見に来る事にして今回は諦めた。

22時45分の列車に乗り込むとシートを倒しベッドにする。しかし、ＥＲパスを持っているのは私だけ。一人だけのコンパートメントだ。皆に悪いけれど仕方が無い。車内はスチームで暖かいので足を伸ばし、コートを掛けてゆっくりする。残っていたチーズを一人かじる。

列車が走り出すと車掌が来て、この日初めてＥＲパスに日付が入った。

ＥＲパスを日本から買って来ておいて、本当に良かったとこの時つくづく思った。

1968年5月20日(月)　晴れ

夜中に何度かパスポート検査の為起こされる。う〜ん面倒！

ゆっくり寝られたのは午前4時頃から6時半くらいまでだろうか。

朝7時、ハンブルグで降りると4人が挨拶に来た。旅の安全を互いに祈って別れる。

ドイツ人男性2人がコンパートメントに入って来た。ベッドを座席に直して迎え入れる。

彼らに行き先を聞かれて「パリ」と答えたところ、1人がドイツの新聞を取り出し「パリのエキスプレス列車がストライキでパリとスペインの間は走らない」と言う。「スペインのマドリッドは旅行者で溢れていると書いてある」とも言う。困ったなと思ったが、ERパスが有るので行先を変更すれば良いのだからと考え直し、それ程心配もせず呑気に窓の外を眺めていた。

コペンハーゲンを出てから列車の方向が度々変わるので、どっち向きのシートに掛ければ良いのか迷ってしまう。

フランクフルトに着いた時、とうとう列車が「これ以上先には行けません。全員降りて下さい」と止まってしまった。仕方が無い。

16番のバスでユース・ホステルに行く。やっと一泊の予約が取れた。

夕方まで街の中をぶらつく事にした。

立派なドーム、そしてゲーテの生家を見学する。ゲーテの生家で2人連れの日本人男性に会う。三菱商事の人で仕事上の出張だという。

ゲーテの顔のシルエットの額をバックに写真を撮って貰った後、お互い「元気でね」と言って別れた。

再び街中をぶらつく。何やら白い物がしきりに降りかかる。雪ではない。何かの木の上から降るので花弁らしい。微かな良い香りも漂う。

ドイツのお婆さんに出会い、一緒に寺院を回って歩く。お婆さんが私に2枚のドイツの絵葉書をくれたので、私も富士山と桜の絵葉書を1枚お返しした。お婆さんは大変喜んで胸のポケットに仕舞い、軽くポンポンと叩いて「大切にする」と身体で示した。橋のたもとで別れる。

ユース・ホステルに戻ると、時間前だが入室させてくれた。助かる。

ゲーテの家（ミュージアム）

部屋で父と会社の部長宛てに、お婆さんからいただいた絵葉書を書いた。

ユース・ホステルの夕食はごく簡単な物。パン、バター、ジャム、ハム2枚。それでも熱いコーヒーが飲めたのが有難かった。

テーブルを見回したが日本人は見当たらなかった。

シャワーを浴びに行くと、コインを入れないとお湯が出ないと言う。部屋に戻り50ペニヒ(約45円)を持って行き、やっと温かいシャワーを浴びる事が出来た。一定の時間がくると止まってしまうので、頭を洗う時は要注意だ。ヘルシンキのユースでは水だったな〜。

7時、明日からの予定を立てようと思い、早めにベッドにノートとペンを持って入ったのに、いつの間にか眠ってしまっていた。

9時頃目が覚めたが、未だ外は明るいので、時差ぼけならず、時間ぼけになってしまったのかもしれない……のだった。

1968年5月21日(火)　晴れのち雨

朝起きたが気が重い。今日の予定が立てられないからだ。

ライン下りには時間が遅いし、ハイデルベルグへは行く事は出来るが、帰りの列車が上手くない。

朝食を食べていると、イギリスに留学している日本人男性が、ヒッチハイクでパリまで行くとの事。一緒に行こうかと迷ってしまう。

彼はイギリスならアルバイトの仕事は色々有ると言うが、未だ寒いイギリスには行きたくは無い。色々迷っている内に日本に帰りたくなってしまった。でも、頑張らなくてはいけないと気を持ち直す。お金もどんどん少なくなってきたし、一寸不安。

でも、よく聞いてみるとイギリスでの仕事に就くには最低6カ月いないと労働許可証が取れないので無理といわれた。それはそうでしょう。

行き先をパリでなく、列車の動くイタリアのミラノに直行する事にした。シンガポールから来た男性と駅まで行って、乗る列車を決める。

ＥＲパスでＴＥＥには乗れない。別料金を出せば乗れるけれど……。

随分迷ったが、やはり普通の国際列車、フランクフルト午後6時13分発ミラノ行きの夜行列車に乗る事にした。

午後6時13分発ミラノ行き一等コンパートメント、運悪く私のコンパートメントには4人が入ってしまったので、今晩は横になる事は出来そうも無かった。

シュットットガルトにいる船迫さんの所に行ってみようかとも思ったが、船迫さんに会うと益々日本に帰りたくなり、ホームシックが強まりそうなので止めましょう！

そんな旅では費用を掛け、家族や会社の同僚に励まされて出て来た事は何にもならない。ガンバレ！　のぶこ！

友人の梅本さんが泊まっているというホテルに行ってみたが、泊まっている様子は無かった。上手くいかない事が色々有るが、流れ旅の哀しさであり、又後で振り返れば楽しい思い出になるかもしれない……。

とにかく先へ進もう。突然涙がポロポロこぼれた。

走る列車の車窓からドームの高い塔が見えた。写真を撮ろうと頭上の棚に置いてある荷物を取るため座席に乗り、同室の人に「エックス・キューズ・ミー」と言うと、前の席にいる人から「どうぞ」と日本語が返って来た。びっくりしているとその人は笑いながら「少し・日本語・話します」と言う。更に名刺を出して「自分はスウェーデン大使館の者で・日本へ行った事・あります。日本語は一週間だけ・先生について・習った。困った事有ったら・連絡下さい。

お手伝いします」とも言い、私の頬っぺたの涙をハンカチで拭いてくれた。

私はこれからミラノに行くと言うと、彼は「ミラノは素晴らしい・きっと貴方のホームシックも治ります。大丈夫」と笑ってくれた。

本当にそうなら良いのだけれど……。

その時、隣のドイツ人の男性が新聞を見せてくれた。ドイツ語なので読めないけれど、「パリ・ソルボンヌ」という名詞は読める。

ドイツ人はドイツ語と片言の英語で話してくれた。それによると「パリ・ソルボンヌ大学の学生デモ」とコメントで、門の前に椅子や戸棚等を積み上げ、大勢の大学生が大手を振っている写真が載っていた。

エキスプレスのストライキだけではなく、何のストライキ、デモなのかも分からないが、大学生のデモと重なったようだ。

この様子は暫く続くだろうからフランスは諦めてイタリアのミラノ行きは正解だったようだ。ミラノの観光を楽しもう、見る物は沢山有るだろうから楽しみだ。ミラノはファッションの町でもあるし……。

気を取り直して、泣いていた私も笑った。

ストラスブルグで3人とも降りてしまった。窓から手を振って「さよなら」をした。又淋しくなってしまった。やっぱり窓の外を見ながらポロポロ涙を流していた。

シートを伸ばし、ベッドに直して足を伸ばす。夜食はスウェーデン大使館員からいただいたコーラと手持ちのパン、フランクフルト・ソーセージを食べ、やはりいただいたチョコレートをかじって空腹を満たした。

お腹が満たされると、少し元気になった。


ドイツとスイスの国境の駅辺りで、両国側からパスポートをそれぞれ提示させられる。日本では考えられない習慣がやはり面倒くさいと共に、言うに言われない不安な気持ちになるのだった。雨は未だ止まない。ミラノも雨だと嫌だな〜と思う。

会社の広報課長宛てに旅の様子を書いて送る約束をしていたけれど、今夜も書かずにいる。レース編みをしてみるが、灯りが暗いので直ぐ止めた。とにかく寝ましょう！　寝不足は身体に悪い！

明日の朝、5時過ぎにミラノ到着だ。

1968年5月22日(水)　晴れ

ドイツとスイスとイタリアと三つの国を一晩で通り過ぎるので、3度も4度もパスポートを見せろと車掌がやって来る。寝ていても何でも構わない様子。とうとう4時に起こされてから、もう面倒でそのまま起きてしまった。

朝もやの中にコモ湖と、後ろに高い山とが青白く見えた。

5時50分、ミラノに到着。着くと同時に駅の案内がイタリア語で殆ど分からない。早速インフォメーションに行き、ユース・ホステル行きのバスの番号と材木さん（会社の同僚）の友人の住む街行きのバス番号を聞く。

朝早いので駅前は未だ人の姿が少ない。バスは全てトロリーバスだ。トロリーバスでユース・ホステルに行き、予約を取るつもりだったが未だフロントが開かないので、荷物だけを預け、入口のテーブルでパンを食べていると「おはよう」と日本語が聞こえた。日本人だ！

彼は昨夜からこのユース・ホステルに泊まっているのだと言う。駅まで行くと言うので一緒に行くことにした。彼はバス代がもったいないから歩いて行くと言う。地図を頼りに街の中を見学しながら歩き回る。

ミラノは方々に広場や公園が有り、そこを基点に放射状に道が有る為とても分かり難く、何度か違う方へ歩いては後戻り、そんな事をしている内にサンタ・マリア・デレ・グラッツィエ修道院に出た。『最後の晩餐』の絵の有る寺院。２００リラ（約１２０円）を出して中に入る。絵葉書しか見たことのない私だったので、その絵の大きさは思いのほか大きかったし、高い所に描かれていたのが印象に残った。やはり感動は大きかったし、１９４３年の戦争にもよく残ったものだと感心した。世界の宝だもの！　大事にしなければ……。

絵葉書を1枚買う。40リラ（約30円）。

サンタ・マリア・デレ・グラッツィエ修道院を出た途端、修道院の真ん前でタクシーの運転手とトロリーの運転手が、今にも掴みかからんばかりに怒鳴り合っている。

周りには大勢の人が取り囲み、その様子をニヤニヤしながら見ている。

彼に、「どうしたの？」と聞くと「タクシーとトロリーがもう少しで接触するところだったので、双方の運転手が怒鳴り合っているのさ」と呑気に言う。「警察来ないの？」と聞くと「もう少ししたら来ると思う」と言う。「何て怒鳴っているの？」「貴方には聞かせたくない酷い言葉。お前の母親は売春婦とか、お前のかあちゃん、毎日違う男と寝てるとか……」彼はそう言うと私の腕を引っ張ってその場を離れた。

その後、トロリーで駅まで行き列車の時刻を確認してから2人でスパゲッティを食べにレストランに入る。630リラ、100リラ約58円だから370円くらいかな？

彼の名前は「田中」としか聞いていなかったが、田中さんの乗る列車が出るまでレストランで一時間も話をしていた。マダムの渋い顔。

田中さんとは「またどこかで会いましょう！」と言って別れた。

材木さんの友達のマンションを訪ねてみたら、今子供とイタリア人のご主人と出掛ける所だった。材木さんから連絡は受けてはいたようだが、本当に私が来るとは思っていなかったらしく、少しびっくりしたというより、迷惑といった感じだった。

それを感じた私は、材木さんから頼まれていた赤ちゃんの写真を2枚受け取ると、部屋の入口に入っただけで帰って来た。普通日本でなら「お茶でも……」と言うんだろうが、余程迷惑だったのだろう、水さえ出してくれなかった。一寸淋しい気持ち。

ミラノのドゥオーモ広場まで歩いた。大分時間が掛かったが、気持ちをなだめるのには必要な時間だった。

ユース・ホステルに戻るのに地下鉄に乗りたいが手持ちのお金が30リラ足りない。歩いて戻るつもりで後ろに並んでいるイタリアの婦人に道を尋ねると、婦人が切符を買ってくれた。

イタリア人は道を聞いたら神父さんでもチップを要求すると言われていたけれど、そんな人ばかりでは決して無い、私の認識の浅さ、甘さを恥ずかしいと思った。

ユース・ホステルに戻ったが、満員で今夜の予約が取れない。ユース・ホステルのペアレントが心配して、他のユース・ホステルに空きが無いか電話で聞いてくれたが、やはりどこも満員だった。

ペアレントにお礼を言って「今晩、夜行でローマに発ちます」と荷物を持って外に出た。夕方の風が何となく涙を誘ってきて、思わず唇をかんで涙をこらえた。

毎日毎日居場所が変わり、落ち着く暇も無く次の場所に移る。何か方法を考えなければ悲しい旅で終わってしまうだろう。

心が元気なら、いつもの「の・ぶ・こ」のように嫌な事は吹き飛ばす事が出来る。きっと疲れているのだ。せめて1カ所に3泊出来れば回復出来るのにと考えた。

折角のミラノなのに、名所旧跡を訪ねても、ニューファッションも見ないで出てしまうのは口惜しいが、次に希望を託そう。

銀行で10ドルをリラにチェンジ・マネーした。この分はイタリアで使いましょう（1ドル・625リラ）。

駅の前でトロリーを降りると、目の前にアイスクリーム屋が有った。イタリアのアイスクリームを前から食べたいと思っていたので、考える暇もなく買って食べた。美味しい！　50リラ。

しかし甘さが強く、喉が渇く。水が飲みたい。駅の水道の水を飲んだ。

駅の階段を重いトランクを持って上がると、手も頭も痺れた。

上がりきってほっとしていると、3人のイタリア青年がやって来て、しきりに話しかける。片言の英語で「話をしよう」と誘っているのが分かる。「貴方の言う事分かりません。私は列車に乗るので忙しい」と言って歩き出すと3人とも付いて来る。困ってインフォメーションのブースに入り時間を稼ぐが、入口で待っていて時々手を振る。

困ったなと思い、暫く経ってから知らん振りをして彼らの前を通り抜けた。口笛を吹いて呼ぶが、ベンチにトランクを置き日記を書き出す。

とうとう諦めたのか、彼らは駅の外に出て行った。

しかし未だ午後8時。10時発のローマ行きの列車に乗る事にしたが、それ迄時間はまだまだ有る。冷たいベンチに座っているのは辛い。

日記を書いていると、「日本の方ですか?」と流暢な日本語でＣＩＴの人が話し掛けてきた。「知人がホテルをやっている。紹介しましょう」と言ってくる。駅の通りの裏に有る小さなホテルとの事。

イタリア人、特に日本語を話すイタリア人には用心するように、日本の旅行社の人に注意されていたので、用心しながら話を聞く。

ホテル料金を聞くとユース・ホステルの料金の倍ぐらいだ。少しゆっくり寝たいと思っていたのでホテルを紹介して貰い一緒に行く。

ロビーで紅茶とピザをご馳走するとの事で夜食にする。彼は未だ仕事が有ると言い、CITの事務所に戻って行った。

ホテルは古く、お世辞にも綺麗とは言えなかったが、ベッドは広くシーツも清潔。ゆっくり寝られそうだ。シャワーしかないが充分だ。

私は用心の為「鍵が掛からない」と言って他の部屋に変えてもらった。

更に念の為部屋の鍵はしっかりと掛け、チェーンも掛けた。その上重いトランクをドアの前に押し付け、ベルトで括りつけ、外から開けられないよう用心した。用心に越した事はない。

彼が帰るとき「明日はコモ湖にドライブに行こう」と言ったが、約束はしなかった。あまり親しくしない方が良いように思ったからだ。

明日は何かの理由を付けて、早めの列車でローマかドイツ方面に行こうと考えながら寝る。

1968年5月23日(木)　晴れ

午前8時に起き、荷物をまとめてフロントに行き、昨夜の宿泊代はCITの人に預ける方が良いのかどうかと聞くと、フロントの男性は1500リラだが1000リラで良いと言う。昨夜の夜食込みで1200リラ払い、領収書を貰う。

駅へ行ってコンパートメントの予約を取ってから、インフォメーションのブースでパンフレットを見ていると、私の名前を呼びながら昨日のCITの男性が走ってきた。少し怒っている。

「急に友人に会う事になったので、フランクフルトに行く。とメモを置いてきたけど見たでしょう?」と言うと「ホテル代3000リラだが私が交渉して2000リラにした。それで良いから支払え」と言う。

私はそら来た!　と1200リラ支払った領収書を見せた。彼は一寸ドギマギしていたが「そんなら良いんだ」と言うと、今度は「日本の住所を教えて欲しい」と言う。「暫く日本には帰らない」と断ると同時に「昨夜の紅茶とピザの代金100リラを返してほしい。これから行くフランクフルトの友人は、日本から西ドイツの警察に空手を教えに来ている人だ」と伝えると、彼は100リラ札を私の手に握らせ、小走りに駅を出て行った。船迫さんの顔を思い浮かべながら必死に言った。

危ない！　危ない！　やっぱり用心しておいて正解。

午前10時30分フランクフルト行きの列車に乗ると、スイスに出稼ぎに行く大勢の人が乗っており、予約したコンパートメントにまで入り込んでいて私の席が無い。

車掌はなかなか来ないし、フランスのストライキは未だ終わらないし「……ん、もう～！」と一人憤慨していた。やっと車掌が来て、私の席が確保出来た。

列車がコモ湖を通り、スイスのチューリッヒへ向かう車窓の美しさに気持ちは舞い上がった。高い山にはまだ雪が真っ白に残り、ルガノ湖は青く静かに山を映しながら光っているし、樹々は若緑、色とりどりに花は咲いている。

狭い谷間を縫ってハイウエイが銀色の蛇のように光り、シンプロントンネルをグルグル回りながら通過し、高さが分からない程高い岩山から水が三重にも四重にもの滝になって落ち、教会の尖った屋根が湖と雪山をバックにしてその美しさは口では表現出来ない程美しく、感動の連続だった。

ユングフラウが見える所では列車はスピードを落とし、乗客にゆっくり見て欲しいと最大のサービスをする。もう一度この列車に乗りたいと思う。父や母にも是非見せたいものだ。天気が良かった事も、私の淋しさを神様が助けてくれたのでしょう。アーメン。

夜8時フランクフルトに到着したがユース・ホステルはもう取れない。食料を買う為1ドルをドイツマルクに駅で換えた。パン、ソーセージ、コーラを買ったら、30ペニヒが残っただけだった。

フランクフルトでは日本円をアメリカドルに換える事が出来るので、手持ちのドルが無くなったら円をドルに換えようと思った。なるべく節約しなければパリのストライキがいつ終わるか分からないので、それまでは我慢！　我慢！

フランクフルトからコペンハーゲンに行くつもりだったが、未だ寒そうなので急きょ22時22分発ローマ行きに乗る。運良くコンパートメントの予約も取れた。ローマには明日の15時49分到着予定。

こんな芸当が出来るのもＥＲパスのお陰だと感謝！　感謝！　だ。

1968年5月24日㈮　晴れ

ファーストのコンパートメントなのに6人も入ってしまい、横になる事は出来ない。腰掛けたままコートを被って寝るしかない。

一寸ばかりホームシックです。

ローマに着いたならば3〜4日宿泊し、市の内外を回りたいと思っている。ヴァチカン市国、コロッセオ、フォロ・ロマーノ、真実の口、アッピア街道、カラカラ浴場、サン・タンジェロ、……それから、それから……。ああ！　沢山見たい物が有るんです！

15時50分ローマ着。ユース・ホステルに予約の電話を入れるが、満員との事。あの広いオリンピック会場がユースなのに満員とはやはりローマは皆が行きたい所なのでしょう。残念だけれど仕方ない！

すぐ出るというナポリ行きの列車に飛び乗り、午後6時半過ぎナポリに到着。ユースが空いていますようにと念じながら電話を掛けると、今夜だけなら空いているとの事。ラッキー！

ナポリの駅構内に有るピザ店でピザ2枚（1枚15㎝くらい）とオレンジ1個を買う（150リラ）。おまけと言ってオレンジを1個くれた。

バスで向かうが、途中でバスを乗り換えなければならず、ユース・ホステルに着いた時は9時を過ぎていた。シャワーを浴びにいくが、ここは水だけしか出ないシャワーだ。顔と手足を洗っただけで済ます。

熱いシャワーかお風呂に入りた〜い！

同じ部屋に日本の女性がいた。フランスのストライキでパリに入れず困っていると言う。6月4日にフランス郵船で帰国する予定なのだが、パリの交通公社で手続きが出来ないでいるとの事。ローマに有る日本大使館へ相談しに行く事を勧めてみると、彼女は早速そうしてみると言い安心したかのように眠った。

ハンガリーの女性がいたので、スーザンナの話を片言の英語で話す。互いに充分では無いが、何となく心と心で判ったような気がした。

イタリアでは嬉しい事が有る。それは普通に水が飲める事だ。

ナポリは何となく貧しい事は見ただけで分かるが、人は良い。しかし、うっかりしていると何でも欲しがって、気を許していると「私にくれ！」と言い出すので困った。言い難くても、はっきり「イエス」と「ノー」を言うことにする。

しかし果物は安いし、美味しいし、新鮮だ。

「ナポリを見て死ね」と言われているくらい美しいナポリを見る事が出来たのは、フランスのストライキのお陰と思えばラッキーな事かも……。

ユース・ホステルは高台に有る。

二段ベッドの上段にいる私は、ベッドに寝そべったまま灯り瞬くナポリの街を眺めながら日記を書いた。

そう言えば、ナポリ駅からバスで来る時大きな城の傍を通った。ライトアップされていて、金色に輝き素晴らしく荘厳で美しかったが城の名前が分からない。明日何という城か調べてみようと思った。

ローマからナポリへ来る列車の窓からも、山の上には必ずと言ってよいほど城というより砦のような建物が見えたのも楽しかった。

色々な国の言葉がもう少し話せたなら、もっともっと楽しい、ためになる話も聞けるのにと思った。

尚、2~3日イタリアにいると、少しずつイタリア語を覚えている。

列車やバスでイタリア人にイタリア語で話しかけると、とても喜んでくれるのは楽しい。だが、うっかりしていると「結婚しよう」と言われてしまったりするのも何故か面白い経験だ。

もう少しイタリア語を覚えよう!

1968年5月25日㈯　晴れ

目が覚めると私一人しか寝ていなかった。

同室の人達はもう皆出発してしまった後だった。夕べは東京に帰った夢を見た。やっぱり帰りたくなっていたのかしら……。

バスで駅まで行き荷物を預けると、ポンペイ行きの電車に乗る。

午前9時15分ポンペイ行き、10時少し前にポンペイ着。

若い青年がしきりに「チャオ、チャオ」と声を掛けて来る。時には「こんにちわ・」と言ったり、肩を組みながら「さよな〜ら」?・?　と言う。

教会に入る。観光客はもとよりイタリアの人々の出入りが多い。

ポンペイの遺跡跡に建つのは、昔この悲劇に遇った人々への鎮魂の寺院なのです。宗教は違えども、心を込めてロウソクに灯りを点した。

天気が良く、真っ青な空に灰色の煙をなびかせたヴェズビオ火山がくっきりとそびえて見える。何だか山の姿が軽井沢の浅間山によく似ていて懐かしい。

陽が高くなるとかなり暑く、サマーセーターに着替えて来て正解だった。手の甲が日焼けでどんどん黒くなるのには困った。

ポンペイは私の旅の目的の中での重要な課題。写真を何枚も撮る。遺跡の真ん中辺りで、10名程のイタリアの男女高校生と出会う。

彼等は英語は少ししか分からず、私はイタリア語が充分では無いけど知っているだけのイタリア語と英語とフランス語で話し掛けてみた。写真を撮ってくれと言うので、三脚を使って皆で何枚か撮る。高校生の代表に住所を書いて貰い、後で送る約束をする。ローマの日本航空から、東京の富士フイルムへ送って貰おう。

一人の学生が「ローマ法王のキーホルダー」を私にくれる。そして1000リラだと言う。売り付けられたのかと思い「1000リラは持って無い」と言うと、彼は「プレゼントです。1000リラの価値がある」のだと言った。「グラッチェ！」私は喜んでいただいた。

私は手持ちの五円玉を一人一人に配る。一枚しかないが「厳島神社」の絵葉書をキーホルダーをくれた彼に渡すと、彼は大急ぎで教科書を開き、そこに載っている「厳島神社」と比べて大喜びしていた。

私がイタリア民謡の『帰れソレントへ』を歌おうと言うと、皆賛成。

彼女彼等はイタリア語、私は日本語で『帰れソレントへ』を歌った。

「サンタルチーヤ、サンタルチーヤ」で同じになると、それが嬉しいのか皆して飛び上がって大騒ぎになった。観光客はびっくりしている。

一人の女学生が「今夜家に泊まって欲しい」と言ってくれた。今日の夜行でミュンヘンに行き、そこからシュツットガルトの友人の所に行く約束が有るので、残念だが断った。

私のルビーの指輪を見て、フィアンセがいるのかと聞くので、日本にいると答えると（実は用心の為に指輪を嵌めている）一組の男女がニコニコしながら、自分たちは結婚していると言うのだ。年を聞くと二人とも17歳だと言う。高校生なのに早いな〜と思った。

ナポリへ戻る電車を待つ間にせがまれて日本の歌を歌わされた。『さくらさくら』『中国地方の子守唄』『忘れな草』を日本語で歌った。やだ〜、日本に帰りたくなっちゃうじゃないの〜と思いながら……。

最後に又皆で『帰れソレントへ』を大合唱して別れた。

ナポリに戻り、ユース・ホステルに空きがないか聞いてみたが、やはり満員との事。仕方が無い！ ナポリ午後9時15分発でローマに行くつもりで荷物を持ってバスで駅に向かう。

昨夜の黄金色に輝く城は王宮だとの事でした。中を見たかったたな〜。

駅に荷物を預け、夕食を食べに街に出て、ピザとオレンジジュースを買い、食べながら露店を覗くと、大きくて少し黒ずんださくらんぼが目に入った。持っているだけの小銭を出して見せると、新聞紙をクルリと巻いてドカドカとさくらんぼを入れてくれた。かなりの量だ。

歩きながらさくらんぼを食べるが、食べきれない。駅に戻ってベンチにいる人に少し分けた。ベンチに腰掛けながら日記を書き、絵葉書を2〜3枚書いてポストに入れる。

丁度日記帳に3枚の折紙が挟まっていたので鶴を折っていると、いつの間にか人だかりが出来てしまった。折鶴を欲しいという人が50リラ置いて一羽を持って行った。後の2羽もそれぞれ50リラで買われて行った。私の手に150リラが載っていた。

すると見ている内の男の人が新聞紙を出し、折ってくれと言う。大きな鶴を折ってやると、さあ大変！　我も我もとノートを破く学生、広告のパンフレットを広げる人、薄汚れた何かの紙と次々折らされた。

離れたベンチに腰掛けていた老紳士がやって来て私にアイスクリームかコーヒーをご馳走すると言う。一寸用心するが時間は未だ有るし、又鶴を折らされても困るので、コーヒーが飲みたいと言うと駅のスタンドコーヒー店に連れて行ってくれた。

しかしイタリアのコーヒーは濃くて渋くて咽せ返ってしまった。急いで水を飲む。老紳士は笑いながら今度はアイスクリームを頼んでくれた。老紳士にお礼のつもりで富士山の絵葉書を差し上げて「チャオ」と言って別れた。

午後9時15分ナポリ発、ローマ行き列車に乗る。

予約した筈のファーストクラス・コンパートメントはどういう訳かダブルブッキングされて

いて、後から来た私が入れなかった。仕方なく空いている席を探している内に葡萄農園に働きに行く季節労働者、ジプシー家族の中に紛れ込んでいた。家族と親戚、12～13人はいる。この列車はどの客車も労働者でいっぱいとの事だった。

今頃葡萄の収穫時？　と思った。葡萄の木の手入れと早摘み葡萄が出来るのだとイタリア語とジプシー語（？）と英語、後はジェスチャー。ジプシーの肝っ玉母さんが、私に「一緒に来るかい？」と親指を横に振った。黙って頷く。一時間後、駅の名前は判らないが一緒に降りた。

トラックが迎えに来ていて全員山盛り状態に乗り宿舎に向かった。

宿舎はレンガ造りだが、室内には兵隊ベッド一つ、他は床に厚手の布が敷かれており、てんでに寝るみたいだ。宿舎前に大きなテーブル。雇い主から届けられた赤ワインをはじめチーズ、サラミ、大きな丸いパン、葡萄ジュース、オレンジ山盛り。

後から鳥の丸焼きが届いた。各自勝手に食べる。椅子の無い人は立ったまま。焚火が焚かれた。灯りはそれだけで後は懐中電灯。

大きな樽が出て来た。梯子が掛けられると、昼の内に収穫されていた白い葡萄が（多分早摘み葡萄）ドンドン投げ込まれる。すると子供達が足を洗ってもらうと梯子を上って行く。

肝っ玉母さんが私に「バージンか？」と大きな声で聞く。

私は「ウイッ！」と答えた。靴を脱ぎ、足を拭くと歌を歌いながら肩を組む子供達の中に入り葡萄を踏んだ。指の間から皮の剝けたブドウがニュルニュルと気持ちが悪いのだがだんだん気にならなくなり『こんにちは赤ちゃん』を勝手に歌いながら足踏みをした。

絞られた葡萄ジュースは皆に配られ「何とか！」とグラスを上げて叫んだ。「何とか！」は何と叫んだか判らない。

トラックで駅まで送って貰い、直ぐ来た列車に乗りローマに。

午前2時のローマ駅。浮浪者が私の前をウロウロする。

昔観た映画『テルミニ』を想像していたが淋しい。う〜んがっかり。

ドイツ方面へ出稼ぎに行くイタリア人と一緒にいるが、目が離せない。うっかりしていると、私の荷物に手が伸びていたり、触っていたりするからだ。あ〜あ、この後どうするかな〜。

まったくイタリアの列車時間の当てにならない事はこの上も無い。

昼は暑かったのに夜は寒くコートを出して、すっぽり荷物共々掛けて明るくなるまで時間を稼いだ。

昼間楽しかっただけに、やけに哀しい時間になっていた。

どんどん日記が長くなってしまうのは、こんな時だ。

1968年5月26日(日)　曇りのち晴れ

ローマのテルミニで、午前1時半から冷たいベンチでうつらうつらする。駅には安心できるような待合室は無い。

その間色々な人から声を掛けられる。無視、無視、無～視。

6時頃、イタリア人の大学生が英語で話し掛けてくる。ローマを案内してあげるので、明日午前11時ごろ「トレヴィの泉の有名なアイスクリーム屋の前で会いましょう」と約束して彼は大学に向かった。

その大学生が行ってしまうと、待っていたように他の人が声を掛けて来る。朝食をしようとあまりのしつっこさに、構内のオープンしたばかりの店で温かいミルクとピザを頼んだ。ご馳走すると言うのを断り、120リラを自分で払った。彼はあの濃くて苦いコーヒーを水を飲み飲み飲んでいる。

「疲れているようだから、自分の借りているアパートに来て休むと良い」と言うが、「ユース・ホステルに予約をしているので、このままバスで行く」と断った。すると彼はさっさと行ってしまった。

イタリア人は一見親切だが、油断は禁物。どんどん付け込んで来て、馬鹿な目に遭う事も有るらしい。下手するといつの間にか「街角に立つ女」になっている事が多いとも聞いている。マフィアも怖いと思う。

ボーイにユース・ホステル行きのバスの番号を聞いて、停留所に行くが、始発が7時なので暫くトランクを足の間に挟んでおいて待つ。

待っている間に乗客の人や運転手さんと話をする。マックスという男性はかなり英語を話すので、親切にイタリア語を教えてくれる。鶴を折ってあげると大切そうに本の間に挟んだ。

バスでユース・ホステルに着く。何と「オリンピック・スタジオ」ではないか。ヘルシンキもそうだったが、それよりももっと大きく広いし、男女の部屋の区切りもロープを渡し、そこへ毛布を5枚ほど掛けただけの仕切りだった。夜中に男性がやって来たらどうするのだろうか。なるべくその仕切りから離れた所のベッドに荷物を置いた。

荷物を置くと早速ユース・ホステルで朝食を取る。大きなピザとミルク（120リラ）、少なくなった海苔の佃煮を一寸舐める。

昨夜の女性とは朝会うことを約束していたが、朝早く出発してしまったとの事。フランスのストライキは未だ続いていて大使館でもどうしようもないと、言っていたそうだ。

橋爪さんという女性と食堂で一緒になった。二人でバチカンに行く。

太い柱を潜ると丸いドームの寺院、サン・ピエトロと大きな噴水が見えた。高い建物の上には聖人の像がぐるりと並んでおり、青い空に白い彫刻が美しく輝いていた。

　橋爪さんは今日で2度目なので寺院内はもういいと言う。私は初めてなので入りたかったが、橋爪さんを残してはおけないので明日あらためて来れば良いと考え、そこからサン・タンジェロ城に向かった。

　テベレ川に架かるエンマヌエル橋及びサン・タンジェロの橋を渡った。映画で見て是非行きたいと思っていた所なので、もの凄く嬉しい。暫く眺め、写真を何枚も撮ったが橋爪さんはつまらなそうにいらいらしている。スペイン広場に行こうと言うと、彼女は急に笑顔になり、地図も見ないで彼女は歩き出した。知っている道のようだった。

　憧れのスペイン広場、下から見上げると美しいのに、階段の上から見下ろすと赤茶けた屋根が淋しそうに見えた。

　階段の途中、オードリー・ヘップバーン演じるアン王女がアイスクリームを食べた所で、私もアイスクリームを食べてみた。嬉しい！

サン・タンジェロ城

トレヴィの噴水に向かう途中、日本のお医者さん一行に出会う。お医者さんたちはＴＥＥでベニスに行くと言うので、テルミニ迄一緒に行き皆であの苦いコーヒーを飲んだ後、旅の安全を互いに言い合い別れた。

橋爪さんと私は、次はどこに行こうかと地図を広げ、ここと此処と印を付け、先ずコロッセオに行く事にした。外景を丸ごと撮りたいと思い、近くの小高い丘に登り何回もシャッターを押した。

入場料は取らないので、不思議に思った。猫が多くいるし、猫おばさんが毎日餌をやっているとも聞いた。それにしても猫だらけだ！

５月の末だというのにもの凄く暑く、夏服で来たのは正解だった。

コロッセオからフォロ・ロマーノをあちこち見るのに歩き回ったが、あまりの暑さにエヘエヘ喘いで教会の建物に入り一休みした。

コロッセオ

市場が開かれていると聞いたので、テレベ川の岸に行ってみたが午後2時を過ぎていたのでもう終わっていた。ガッカリ！

又、バスやトロリー代を稼ぐ為歩いてユース・ホステル迄戻ったが、やっぱり疲れていて、ユースの石段を上るのにヨタヨタした。

トレヴィの噴水にはとうとう行かれなかった。明日にしよう。

洗濯を済ませ、夜食をユース・ホステルの食堂で取る。今晩は今までに無い程のご馳走だ。マカロニ・ミートソース、サラダ、鳥の唐揚げ、ピザ、コーンスープ、オレンジ。それにパンは食べ放題だった。

橋爪さんがパンを2〜3個そっと袋に入れたので、私も2個バッグに入れた。周りを見渡すと、あっちでもこっちでも同じ事をしているのは自分も含めて、何とも変な気がした。いいのかな〜……。

とにかく、今までに無い程満腹の夜を過ごして幸せだった。こうなりゃ、元気モリモリだ。ホームシック？　そんなのあった？

明晩まではユース・ホステルの予約が取れているので気持ちも楽になっている。

それにつけても、今日はよく歩いたな〜。

日記もそこそこに、硬いベッドでもバタンキューで寝てしまった。

1968年5月27日(月)　晴れときどき雨

朝方日本の夢を見る。やっぱりホームシックかしら？

起きてみると、何と野戦病院並みのベッドには私一人しか寝ていなかった。時計を見ると8時だ。

洗面を済まし、橋爪さんをフロントの入口で掴まえ食事に行く。

昨夜隠したパン2個と手持ちのジャムで済ます。

今日はどうしてもバチカンの中を見学したい。バチカン宝物館は月の第三木曜日は無料だが、残念だが料金が高いので今日はスルーする。

カメラを持って早速バチカンに出向く。入口ではスイスの傭兵に変な服装の人が追い返されていた。例えば半ズボン、崩れたようなTシャツ、肩丸出しの衣服、驚いた事にジーンズを穿いた人も入れてはくれない。私と橋爪さんは、運良くミニではあるが半袖のワンピースを着ていたので難無く入る事が出来た。

3回目の橋爪さんも地下の法王の墓所には入っていないと言うので、一緒に入る事にしたのである。

スイスの傭兵のコスチュームは中世のスタイルで、且つ美しく面白いので写真を撮りたいと申し入れてみたが「ノン」の一言。

骸骨の法王は錦の布に包まれてガラスのケースに収まってはいるが、気持ちが悪い。しかし高い美しい天井、白大理石の彫刻の数々、特にピエタは暫く動けなくなる程素晴らしかった。写真を撮ることが禁じられているのがとても残念だ。

地下は代々の法王の棺が並べられており、ひんやりと寒く一人だったら薄気味悪くて行かれなかっただろう。

バチカンの太い柱の間をゆっくりと歩きながら「大勢の観光客や礼拝者の数の途切れない様はすごいね」と橋爪さんと話し合う。

そこから「真実の口」に行きたかったが、橋爪さんがもう一度トレヴィの噴水に行こうと言ったので諦めた。私も今迄随分「嘘」をついて来たので「真実の口」は止めた方が良いかも……と考え、ライオンの口で我慢した。

トレヴィの噴水は何が何でも行ってみたい所だった。その為に母から渡された五円玉は大事な役目を果たさせてやらなくてはならない。

それに今日午前11時にトレヴィの噴水の脇にある、アイスクリーム屋さんでイタリアの大学生と会う約束をしていた事も思い出した。

噴水は写真で見てさえ素晴らしいと思っていたが、本物はもっと広大で圧倒されるほど見事

ライオンの泉

トレヴィの泉

な噴水だった。ネプチューンの逞しい肉体とそれを取り巻く様々な彫刻も一つ一つ丹念に見て歩いた。そして五円玉を3つ、後ろ向きに投げた。母と父と私の分。

11時少し前から12時迄アイスクリームを食べながらイタリアの大学生を待っていたが、とうとう会う事は出来なかった。

イタリアのアイスクリームが一番美味しいと言われているが、私はモスクワで食べた屋台のアイスクリームの方が美味しかった気がする。

トライトンの噴水

空模様がおかしくなって来たので、駅迄行って雨宿りをしていると一人の日本男性に出会った。年は40代半ばと思われる。
日本商社の方で、出張の仕事が早く終わり、2～3日空きが出来たので、帰国する迄の時間を持て余していると言う。羨ましい事。
紅茶とケーキを駅の構内のスタンドで橋爪さん共々ご馳走になった。
「観光客の行かない所へ行ってみたい」とその方は言うのだが、私たちはどっぷり観光に浸かっているのだから、ローマでそんな事を言われても困ってしまう。さ〜て、どうしよう？地図を広げて色々見ている内に「ＥＵＲローマ」の文字を見つけた。「ベッドタウンと近代オフィス街」とローマ字と英語とで書いてある。

地下鉄の駅も新しいデザインでニューローマを感じる。駅を出て小高い丘に上ると、３６０度ぐるりと一望出来た。

丘の上にはモダンなレストランが建っていたが、夜がメインのレストランなので閉まっていた。夜は灯りが美しいのだろうなと思った。

新しいマンション、緑多い戸建の家、中にはローマ式の家もあった。

帰りは駅と反対側の道を下りてバスでテルミニ迄戻り、又、彼の奢りでフルコースの食事をすることが出来た。

お礼の手紙をお出ししたいので、お名前とご住所をとお尋ねしたのですが、「いいよ、いいよ。楽しかったし、これも旅の思い出さ。一期一会の粋な旅だったよ」と言ってお勘定を支払ってタクシーで帰ってしまった。侍魂の持ち主で且つ粋な人だな〜と、うっとりしてしまった。

そんな気持ちでユース・ホステルまで歩いて帰ったがかなり遅く、午後11時すぎていた。

運良くその日はシャワーが熱い湯が出る日なので、久し振りにゆっくりシャワーを浴びる事が出来、頭も安心して洗えた。

日記を書いていると、12時、カチッと灯りを消されてしまった。

1968年5月28日㈫　晴れのち雨

午前9時ユース・ホテルを出る。陽は薄いが晴れている。

歩いてボルゲーゼ博物館に行く。ボルゲーゼ公園を通る。素敵な公園とは特に思わなかったが、博物館に収められている彫刻、絵、壺類等は第一級品だろうと思った。『ボルゲーゼ姫』、ベルニーニ作『プロセルピーナの略奪』等は忘れられない程素晴らしかった。

何枚か写真を撮ったので（絵は撮れない）現像されたのを見るのが楽しみだ。『ボルゲーゼ姫』の彫刻は撫で擦ってみたいとさえ思った。

博物館を出る頃雨が降り出し、雷さえも鳴り出した。急に寒くもなった。お腹も空き出し少し惨めな気持ち。仕方なく通り掛かりの車に頼んで駅まで連れて行ってもらう。橋爪さんは気紛れでただ突っ立っているばかりか、車に乗せてもらったのに、ふんぞり返ってお礼も言わない。他人の神経をあまり気にしない。

駅で降ろしてもらった後、構内のスタンドピザ店で昼食をし、先日のおばさんからサクランボを買って、二人で分けて食べた。

列車の時刻を調べたり、絵葉書を書いたりして雨の止むのを待った。

日本への切手は絵葉書２００リラ（約１３０円）一寸高い。

手持ちのお金も少なくなって来たので、食事ももっと安く済ますようにしたいと話すと、橋爪さんも同じだと言う。

雷も収まり雨も小降りになったので、ユース・ホステルに戻る。明日も雨だと嫌だなと思ったのと、このまま橋爪さんと一緒だと私の見たい物も自由に見られない。一旦ローマを離れようかと考え、荷物を纏め会計してもらうと、二泊だが予約は三泊だから三泊分払えと言うので、それならともう一晩泊まる事にした。雨は激しく降り出していた。今日はオリンピックスタジアム内を見学しようと見て回る。広いな〜。

明日は雨でもカラカラ浴場を見に行こう。出来ればアッピア街道も歩いてみたいと思っている。

夕食前にシャワーを浴び、日記を書いていると、いきなり奇声を発するアメリカ女性がいた。振り返って見て驚いたの何の……。金髪を振り乱し、真っ裸の女性がパイプ製のベッドの上に仁王立ちになり何か叫んでいる。本当に一糸纏わずに、だ。何？　何？　どうしたの？

唖然として見ていると、隣のアメリカ人女性が私に教えてくれた。「私のパンティとブラジャー盗んだのは誰だ！　カエセッー！」と怒鳴っているとの事。

その場の人達は周りを見渡しているが誰も何も言わない。私も同じ。男性との境の毛布の脇や上から、男の人がチラチラ覗いている。それでもその女性は金切り声を上げて叫び続けている。その時、シャワー室から女性の声で「これ誰の！」と大声が上がった。黒いレースの小さなパンティと黒いブラジャーだった。ベッドから飛び降りた金髪女性は飛んで行き、それを引っ手繰ると急いで身に着けた。

そこにいた全員はほっとした顔になり、男性たちは残念そうに首を引っ込めて騒動は一件落着した。

夕方、小雨になっていたが、もう出かける気は起きなかった。

私は又日記の続きを書き出し、今後の経費についても計画を変更したりしてみていた。日記に書く事も長くなりホームシックの尻尾がちょろちょろ出てきた。

こんな時、「スウェーデンの豪華ヨット家族の、ベビーシッターをやっていれば良かったかなー」と一寸後悔したりもしていた。

その時、あの金髪女性が黒シルクのロングドレスに、襟に毛皮の付いた薄紫の薄手のコートを肩に掛け、入口に向かって行くのを見かけた。

さっきの同じ女性とは誰が見ても信じられ無い程優雅な身のこなし、そして、ユース・ホステルの入口で待っていたイタリア男性に大手を広げ「アントニオ！」と抱きついたのにはもうびっくり！　と言うより呆れた！

女は凄い！　私？　私はどうかな〜。

1968年5月29日㈬　晴れのち雨のち晴れ

目が覚めるが頭が痛い。お天気も陽が薄い。

今日の夜行でローマを出発し、ドイツに行こうと思う。

洗顔をして、手持ちのパンとチーズを持って食堂で紅茶だけを頼んで朝食を取った。痛かった頭ももう大丈夫だ。

今持っているリラは600。荷物を駅に預けているので150リラ必要だし、昼と夜も食べなければならない。安いピザで済ましてももう殆ど無いだろう。

イタリアではもっと色々見たい。シエナ、ピサの斜塔、シチリア、青の洞窟、アルベロベッロ、それにフィレンツェ、アマルフィ。今日は橋爪さんと別れ、一人で自由に歩くつもりだ。又いつ見られるか分からないので、コロッセオを見に行く。コンスタンチ凱旋門もぐるりと回ってよく見た。

地図を頼りにカラカラ浴場迄歩くつもりでいると、赤いオープンカーが止まった。「カラカラ浴場に行く」と言うと「帰る途中だから送ってあげる」と言う。私は「お金が無いので支払えない」と言うと「問題ない」と言う。隣に女性も乗っているので一寸ためらったが、乗せて貰うことにした。

カラカラ浴場へはユース・ホステルで貰ったエントリーカードで入れた。１００リラ助かった。コロッセオもボルゲーゼ博物館もエントリーカードが有れば無料で入れたのを今知った。

白と黒とグレーの鮮やかなモザイクの絵は、昨日作られたように美しい。写真を何枚か写し、ゆっくりと見て歩く。出口に戻ると赤いオープンカーが未だ待っていてくれた。

「カタコンベへ行こう」と彼が言うが、私は「骸骨は駄目。それよりアッピア街道の石畳を一度歩いてみたい」と言うと車をUターンしてアッピア街道に連れて行ってくれた。

帰りも送ってくれると言うが「私は暫く歩いてみたいので帰りはバスで……」と言って、お礼のつもりで彼女に赤と金の模様の塗箸を渡した。「モルト・ベラ！」彼女は大喜びして私にキスをしてくれた。そこで二人と別れた。私が初めてイタリア人を信用出来た日だった。

バス停がよく分からず、とにかく歩いて駅に到着した。

今迄何とか持っていた天気も駅に着いた途端大降りになった。

仕方ない、駅のベンチで雨の止むのを待ちながら日記を書いたが、夜9時25分発シュッツットガルト行きの列車までには未だ大分時間が有る。ベンチで鶴を折っていると、隣の人が欲しいと言うのであげた。その人はサルジニア島のポリスだと証明書を見せてくれた。身体の大きな人で、柔道をやっていて茶色帯だと言う。

「サルジニアに万一来る事が有れば是非電話を。案内します」と言う。

右隣の兵隊さんも片言の英語で鶴が欲しいと言うので折ってあげる。兵隊さんはイタリアのシエナに住む母のところに行く途中だと言った。「鶴は母へのお土産にする」と大事そうに兵隊手帳に挟んだ。

「シエナは是非行きたい所」と言うと住所と名前と電話番号を紙に書いてくれたが、直ぐ出るのでと列車のホームに手を振りながら向かった。

8時半、駅構内のピザ屋でピザ2枚150リラで買う。おまけにレッドオレンジを1個袋に入れてくれた。「グラッチェ！」といただいた。

私は荷物を急いで取りに行き、ファーストクラスのコンパートメントに乗ろうとすると、ホームにいたおばさんが急いでやって来て「それはファーストクラスだから乗れない」としきりに言う。親切心で言ってくれるのだと思うので「グラッチェ」と言って、私はファーストクラスのコンパートメント車両に乗ってしまった。

おばさんの顔を見ると、口をポカンと開けたまま私を見ていた。

指定のコンパートメント番号を探していると「ベッラ・セニョリータ」とあちこちから声が掛かる。知らん顔して指定のコンパートメントに入り荷物を棚に上げた。

ミラノ迄行く男の人が二人入室して来た。三人ならシートを倒して横に寝られるかもしれないと思いホッとしていると、後からイタリアの二人の女性が賑やかに入って来た。

午後9時30分、列車は何の合図も無く動きだした。

1968年5月30日㈭　雨のち曇り

ミラノ迄行く二人連れの男の人はしきりに私に話し掛けてくる。

早めに寝たいと思っていた私は、仕方なく起きて話に加わる。

賑やかに後から入って来たご婦人達は、先客に一向にお構いなくしゃべり出す。着ている物、指輪や時計、靴や帽子やバッグ、アクセサリー等はかなり高価な物だと一目で分かる。でもおしゃべりは二人の間で鉄砲玉のように行き交うのだ。

男性達は私への話し掛けを諦めて止めた。助かった！　とは思ったが、このご婦人達の方がより大変だった。コートを被って寝た振りをした。

12時過ぎると、北に向かう列車はだんだん寒くなり足が冷えて来た。

コモ湖を通る。トロイ・ドナヒューがロウソク立てを持って来てくれるといいのにな〜……。

ご婦人達は未だ話が止まらないようだ。男の一人が外に出て行ったかと思うと車掌がやって来て、二人のご婦人にドイツ語とイタリア語で何か言った。渋々二人は話を止めたが、戻ってきた男の人を睨んでいた。

スイスに入ると霧が出始めた。薄暗い外を白い霧が流れているのが見える。雨が降り出した。

雨粒が窓ガラスに当たり光っている。映画の一場面のようだと感じた。

ローマで買ったピザの残りで朝と昼を済ませた。午後2時ごろ硬くなったパンにバターとジャムを塗って、顎が痛くなる迄かんで食べた。

レッドオレンジを食べて喉を潤す。水が飲みたい。しかしドイツマルクを持っていないので、コーラ一本買えない。ドルは使いたくない。

バーゼルを過ぎるとファースト・コンパーメントの人数は減った。

女の子が覗き込んでいるが、私が見ると逃げてしまう。折紙で鶴を折って持って行ってあげると、今度はそっとやって来て手を振る。手を振り返すと、赤いマニキュアを付けた手で投げキッスをしたが又隠れた。彼女はシュツットガルトの幾つか前の駅で降りた。窓から手を振ると今度はしっかりと手を振り、母親に連れられて行ってしまった。手には折紙の鶴を持っていた。

シュツットガルトに着くと直ぐ駅前の銀行で10ドルをドイツマルクにチェンジした。

インフォメーションでユース・ホステルに行くバス番号と船迫さんの住所を見せてバス番号を調べてもらう。私のドイツ語はまるで駄目なのに、よく何とか相手に通じたものだと思った。

ユース・ホステルは直ぐ分かったが、船迫さんの所はシュツットガルトではなく、幾つか先のへイブロンの街だと言う。船迫さんに会いたい気持ちが強く、無理をしてもへイブロンに行く事にした。

ヘイブロンへの列車はあと20分で出ると言う。急いでソーセージとパンとミルクで食事を済ませ、列車に飛び乗った。

隣に英語を話せるチェコ人がいたので、ヘイブロンに行くのだがこの列車で行くと幾つ目かと聞くと、四つ目だと言う。

ヘイブロンに午後6時20分着。外はまだまだ明るいので安心する。

7時迄には船迫さんに会えるかと思って駅を出ると、重そうだからと荷物をバス停迄持ってくれるドイツの男性がいた。何と言うのだろうか、イタリアにいた時のような不安はドイツには無い。

船迫さんの住所を見せると「2番のバスで行きなさい。運転手に住所を見せるとそこで降ろしてくれる」2本の指を立てて教えてくれた。

「ダンケ・シェーン」と何度も言った。ドイツ語はこの「ダンケ・シェーン」と「グーテン・モルゲン」しか言えない私です。

2番のバスに乗り、運転手さんに住所を示しそこで降ろしてもらったのだが、バスを降りても誰も見当たらない。

ウロウロしていると工場の中から守衛さんのような人が出て来て、住所を確認すると私の荷物を持って家を探してくれる。

私は「ダンケ・シェーン」を連発しながら付いてゆく。

クリーム色の三階建ての家のベルを、男の人が押してくれた。三階から女の人が顔を出すと、男の人は何か叫んだ。次に男の人が顔を出したので「トキオ・フナサコさん、いますか?」と私は大きな声で叫んだ。足音がして船迫さんがドアから飛び出して来てくれた。

何だか知らないが、やたらに涙が出て仕方が無い。こらえているのに、恋しい恋人にでも会ったようにポロポロ涙がこぼれた。男の人は「よかった、よかった」と言いながら戻って行った。

船迫さんは三階まで荷物を持ってくれる。「さっきアルバイト先から帰ったところだったんだ」と船迫さんは言う。でも会えて良かった。

一人で下宿しているなら、無理にでも泊めてもらうつもりだったが、他所の家族と一緒、それも子供部屋に寝させて貰っていると言うのである。

「あと一月もすれば、アルバイト料でアパートを借りられるんだけど」との事だった。無理は言えない。荷物を預かって貰うだけにした。

船迫さんの小さめのボストンを借り、大事な物は自分のナップザックに入れ直して荷を軽くした。

バナナジュースとビスケットを出していただいたが、バナナジュースを飲んだ後、船迫さんに車で駅まで送って貰った。

ヘイブロンにはユース・ホステルが無いので、シュツットガルトに戻り、そこでユース・ホステルを取るか、又夜行列車に乗ってどこかに行こうかを決めようと考えた。そして暖かい所に行こうと思った。船迫さんは「悪かった」を繰り返し言って謝るが悪いのは私だった。シュツットガルトからフランクフルトに出て夜行列車を探すが、南の暖かい方面行きの列車は全部出た後だった。南とは全く反対のコペンハーゲン行きしか無い。どうしよう！

夜行に乗るには未だ時間がかなり有る。ベンチで日記を書いていると、又イタリア人が「アモーレ」と話し掛けてくる。「又か！」イタリアは嫌いでないのに、どうしてうんざりするのだろう。ドイツよりイタリアにいた時間が多いので、話は分かるが……。

男の人のイタリア語は少し訛りが有る。サルジニア人だと言う。

「ビールを飲みに行こう」と言うが「ビールは飲めない」と言うと「コーヒーでも」と言う。イタリアみたいな苦くないコーヒーが飲めるので、「コーヒーだけね」と言ってコーヒースタンドに入った。ビールは直ぐ来たが、コーヒーはなかなか来ない。

その間、彼はしきりに「アモーレ、アモーレ」を繰り返すが、私は「意味不明」とばかりに首を傾けて「？」を示す。私も随分ずるい人間になったものだと思いながらコーヒーを飲んでいた。

彼は紙に自分の名前、住所、電話番号を書いて私に渡しながら「サルジニアに来る事が有れば連絡するように」と言うと、チョコレートを私の手に握らせ、その時やって来た列車に乗って行った。悪い気がした。

予定より列車が遅れてきたので、とにかく乗り、ファーストクラスのコンパートメントに入った。フランクフルト着は昼の12時の筈。

そんな時、隣のドイツの兵隊さんが英語で話し掛けてきた。少しドイツ語を教えてもらう。さっきサルジニアの男の人から貰ったチョコレートを半分に割ってお礼のつもりで差し上げたが、兵隊さんは途中の駅で降りて行った。

今日は船迫さんに会えた事だけでも幸いだった。本当に良かった！　荷物も軽くなり、行動がし易くなったのも事実だ。

さて、これからどう旅を楽しんで続けるか分からなくなってはいるが、ＥＲパスの期限が切れる迄出来るだけ多く広く見て歩こう。ホームシックは、もう殆どお出ましにならなくなったみたい。

空に細い月が出ている。明日は何とかお天気になって欲しいものだ。

神様、宜しくね。イタリア人との攻防に少し疲れたみたいだ。

とにかく……ねむい！！！

1968年5月31日㈮　晴れ

昨夜乗った列車を途中の知らない駅で降ろされてしまった。

列車を間違えたのか、乗り換えを間違えたのか全く分からなかった。

列車時刻表を見ると「ハイデルベルグ」という名の駅名をみつけ、それっ！　とばかりに来た列車に乗り込んだ。夜の12時過ぎだった。

『アルト・ハイデルベルグ』の物語は、若者にとって胸躍るロマンチックな話だもの！　行かなきゃ！　と思った。

その列車に東洋人が二人乗っていたので「日本人ですか？」と尋ねると「朝鮮です。でも、日本の大学にも留学していたので日本語は少し分かります」と言う。「今、ハイデルベルグの医大に自費留学して6年経っています。ハイデルベルグなら案内できますよ。今日は駄目ですが、いつかきたら案内します」と言って、名前と住所と電話番号を書いた紙を渡してくれた。

私も今日はブリュッセルかアムステルダムに行く予定なので3～4日したら行きたいです、と言っておいた。「お米のご飯が食べたい」と言うと「来た時、ご馳走しますよ」と言って大学のある駅で二人とも降りて行った。名前は「李」さんとの事でした。

しかしハイデルベルグでの時間は朝の1時30分。AM1時37分発ケルン行きの列車に乗る。ケルンにAM6時過ぎ到着。ケルンでユース・ホステルが取れず、アムステルダム行きを決心して列車を乗り換える。大聖堂が車窓からもよく見え、ケルンに降りてみれば良かったかなとも思った。

二晩続けての夜行は辛いので、何とかアムステルダムではユース・ホステルに泊まりたい。列車の中で手持ちのビスケット、ゆで卵、オレンジ、チョコレートで朝食を済ませた。オランダに着いたら絶対温かいココアを飲むぞ！

駅で日本円2万円をオランダギルダーに換える（200ギルダー）。アムステルダムのインフォメーションで地図を貰おうとしたら、250円だと言う。断って行き先も聞かずにやって来たトロリーに飛び乗った。

街の真ん中、ドームの見える所が中心だろうからと、勝手に降りた。そこから運河が放射線状に広がっている。上げ橋が見えたのでゴッホの描いた上げ橋では無いのを承知の上で、とにかく行ってみる。

運河にそって歩いていると偶然にユース・ホステルにぶつかった。

午後3時からでなければ受付は出来ないと言う。ユース・ホステルでアムステルダムの地図を貰うと荷物だけ置き、ナップザックとカメラを持って国立博物館に行く事にした。エントリーカードを見せると、無料で入れた。

レンブラントの絵がかなり多く、写実的な絵はやっぱり凄い。

ゴッホの絵はあまり見られなかったのは何故かしら？　後でゴッホハウスと、レンブラントハウスも見に行けば良いと考えた。

レンブラントの絵の前のソファに腰掛けて腕組みしながら、絵を鑑賞している振りをして、これから3時迄どこへ行こうか考えていた。

アムステルダムのユース・ホステルに暫く泊まり、そこを基点にあちこち歩いてみようと考えた。見たいものは沢山ある。

先ず風車、チューリップ公園、アンネの家、ゴッホハウス、レンブラントハウス、それにロッテルダムや日曜日に開催されるチーズ市場も面白そうだし、市立博物館も忘れてはいけない。楽しみだ！

そろそろユース・ホステルの受付時間なので、マーケットに寄り食料品を買う。色々買ったのに400円くらいで済んでしまった。物価は安いのだ。早くオランダに来れば良かったのにと思った。

ユース・ホステルの予約は2泊取れた。他の利用者の為に長期は取れないシステムになっている。良心的な配慮だと思った。

シャワーを浴びたいが水しか出ないと言うので、どうしようかと思っていると、コインを買って入れれば湯も出ると言うので、受付でコインを買ってからお湯シャワーを浴び、久し振りにさっぱりとした。

食堂で夕食を取っていると、どうも見たことが有る日本人女性が二人入って来た。先方も覚えていたのか二人とも私のテーブルに着いて、互いに喜び合った。会ったのはハンブルグのユース・ホステルだと言う。しかし「話した覚えも無いのによく分かったわね」と言うと、ユース・ホステルの入口で擦れ違っただけだと言う。そうだったのかな〜？　一人は泉田隆子さん、もう一人は佐々木洋子さん。友人だそうだ。

でも、とにかく日本語で話せることが嬉しくて、三人は今迄の旅の話を周りの人の事も考えずしゃべり捲った。

夜の食事が終わっても未だ陽は高い。三人して街中に出てほっつき歩いた。河の畔を歩いている内に、やけに華々しい場所に出くわした。

有名な「飾り窓の女の館」だった。薄暗い戸口に厚化粧の女性が立っていたり、レースのカーテンの下がった大きな窓の脇のベッドに腰掛け、外を歩く男性にウインクしたり投げキッスをしたりしている。カーテンが掛かっている窓は「只今営業中」との事だそうだ。

何だか薄気味悪いのと、見てはいけないものを見てしまったような気がして、急いでその場を通り過ぎた。三人は言葉少なくユース・ホステルに戻ると「お休み」と言うだけで各々の部屋に入った。心が重い。

アッ！　街で温かいココアを飲もうと言っていたのに、それも忘れた！

1968年6月1日(土)　晴れ

朝7時起床。荷物を整理し、朝食を一人で取る。

泉田隆子さん、佐々木洋子さん二人がやって来て鰯のトマト煮の缶詰を分けてくれた。オイルサーディンも美味しいがトマト煮も美味しい。

今夜も同じユース・ホステルに泊まるので、安心して三人で出掛ける事にした。

「どこ行く？」三人は地図を広げた。

明日は日曜日で店が休みになってしまうので、とにかく途中で見つけた食料品店で多少多めに買い込んでおこうという事になった。

色々買った割には600円くらいだ。一人分200円。この分なら助かる。

隆子さん、洋子さんは国立博物館に行くと言う。

私は昨日行っているので一人で運河沿いを歩き、近くのベンチで地図を広げていると、一人の老人が傍に来ると話し掛けて来た。

私はオランダ語が出来ない。彼はオランダ語以外は分からない。

しかし彼が「コーヒーは好き？」という意味は直ぐ分かった。「好きです」頷くと「一緒においで」と手招きして私をコーヒー店に連れて行った。そのコーヒー店は運河に浮かぶボートの一つだった。

ボートの中は思った以上に清潔で、可愛らしいピンクの花柄のテーブルクロスと同じ柄のカーテンで飾られていた。彼はマダムにビールを頼み、私にはコーヒーを頼んでくれた。その時、黒い太った猫が入って来て、静かにマダムの座っていた椅子に蹲った。

クッキー2枚付いたコーヒーが運ばれて来て、ビールにはゴーダチーズが付いているのが来た。互いに言葉が分からないのに、端から見ると何だか楽しい会話をしているように見えたかもしれない。事実そんな感じだった。彼から少しオランダ語を教えて貰う。老人の彼の言葉はどうもはっきりしないが「花」とか「船」とか「風車」とかを聞いて覚えた。

一時間半ほどして私は老人に「ご馳走様でした」と丁寧にお辞儀をし、折鶴を渡して別れた。その後国立博物館に二人を迎えに行った。

その後、三人は相談して「アンネの家」に行く事にした。

地図を見ながら柳や楡の並ぶ運河を歩き、「アンネの家」に辿り着いた。グリーンの扉の家のベルを押すと、男の人が出て来て「どうぞお入り下さい」と英語で言い、「パンフレットは英語？　日本語？」と聞く。「日本語をお願いします」と頼んだ。

前に読んだ『アンネの日記』を思い出しながら急な階段を上った。本棚の後ろの隠し戸を潜り、バックルームに入る。その当時の様子が小さな模型になって部屋の真ん中に置いてあるので、それを見ながら部屋を見て歩く。こんな狭い部屋に家族で声も音も立てずに、ひたすらナチスに見つからないように隠れていたのだと思うと涙がこぼれた。

お喋りの隆子も洋子も、言葉少なになっていた。

少し遠回りになったけれど、アムステルダムの駅に向かった。アムステルダム駅は日本の東京駅のモデルになった駅なので「何だか日本に帰ったみたいね」と三人とも駅の建物を暫く眺めていた。又、地図を頼りにユース・ホステルに戻った時、二人の日本人に出会ったが、宿泊の予約が取れず、もう一つのユース・ホステルの方へ行った。残念です。又友達が出来たのに……。夕食は三人でジャガイモのスープを作り、久し振りに温かい食事を取る事が出来た。味噌汁ならもっと良かったのだけれども……。

食後、食堂で日記を書いていると、ドイツに住んでいるという橋本さんと色々と遅くまで話してしまった。昨日はロッテルダムに行ったと言うし、今日はハーグに行って来たと言う。

アンネの家

「近い内に私も行ってみたいと思っている」と言うと、是非行く事を勧めると言ってから彼女は部屋に戻って行った。

少し身体も疲れていた。今迄の事を考えてみるがYHが取れない事もあってERパスに頼って次々移動して、見るべき所をスルーしている。どこかアパートを借りて、そこを起点に旅を計画した方が良いのではと考えた。どこが良いかな〜……。

パリなら最高に素敵だが高いだろうから無理。パリ郊外、フランスの田舎なんていうのも素敵かもしれない。船迫さんに相談してみよう。

シャワーが水しか出ない。時間が遅いとこういう事も有るそうだ。仕方なく冷たいシャワーを浴びて寝たが、後から身体がポカポカ温かくなってきて、かえってぐっすり寝る事が出来た。

1968年6月2日(日)　晴れ

朝食後、私と隆子、洋子は荷物を持って駅に行き、ハーグ行きの列車を探して乗る。40分ほどでハーグ駅に到着する。

今日は日曜日なので、駅前のスナック店以外は皆閉まっている。インフォメーションも開いていない。そのスナックで道を聞き聞き、ビネンホーフ宮殿へ行く。中に入る事は出来ないので、傍にある「騎士の広場」で一休みしてから又駅に戻った。

どうしようかと三人でバス停に立って時刻表を見ていると、デルフト焼きで有名なデルフトの近くの村、ワッセナール村行きのバスが止まっていた。「ソレッ！」とばかりにバスに乗り込む（85セント）。

駅を離れるとだんだんと緑の多い、素晴らしい風景

ビネンホーフ宮殿

と家が見えてきた。

30分程でワッセナール村の中心的バス停に降りた。村の中をうろうろしながら、ウインド・ミルを探していると、家の前で二人の男性が話していたが、その内の一人が「英語が話せるか？」と英語で聞いてきた。私が「フルエントリーではないが、少しは話せる」と言うと今度は「コーラは好きか？」と聞いてくる。「勿論大好き」と二人口を揃えて言った。

直ぐ、家の裏庭へ案内される。テーブルや椅子の置いてある芝生の庭に通された。コーラははじめチーズ、ピーナッツ、ソーセージがテーブルの上に置かれており、その周りには六人の男女と二人の男の子が珍しそうに私達を見ている。私たちは男の人に紹介されたが各々自己紹介をし、直ぐ握手をして皆と仲良くなる。

大人達は皆ビールを飲んでいたが、隆子も洋子もビールを飲み、私はコーラをいただいた。男の人は「ダネス」と自己紹介し、娘や娘の恋人、それに子供のジャッキーとロビーも離婚した妻の子だと説明した。

ダネス氏の庭

ダネス氏は今はフリーだとの事でした。

今日は日曜日、元奥様以外の家族が集まっている所へ私たちが侵入したようだった。だが、歓迎してくれているのはよく分かった。

さっき家の前で話していた男の人も加わり、又話題は華やかになった。彼は隣の家の青年で「ケイン」といった。言葉もオランダ語、英語、フランス語、ドイツ語、そして私達の日本語と言葉のバザールだった。

皆は手を叩いて歌い出したが、その内私たちに日本の歌を歌えと要求された。仕方が無い。私は『こんにちは赤ちゃん』を手振り身振りを交えて歌った。そこにいる人達は「コ・ン・ニ・チ・ワ」だけは分かったようだった。隆子さんは『リンゴの歌』、洋子さんは『秋田おばこ』を歌った。そう言えば二人とも秋田の人だったのだと思い出した。

二人の子供はドイツの重い写真機で盛んに写真を撮っていたが、私の持っている小さな「オリンパス・ペン」に興味を示し、見せて欲しいと言う。OKすると二人して触ったり、ファインダーを覗いてみたり、しきりに感心していたが「パパ、こんなのが欲しい」とねだった。

その内、ジャッキーが庭に咲いている赤い花を私に差し出した。「綺麗ね」と言うと、ロビーもピンクの花を持って来てくれた。「花瓶に差したい」とダネス氏に言うと、ダネス氏は台所に連れて行き、好きな入れ物に飾りなさいと言う。

私はキッチンばさみを借り、庭の木の枝を少し切り、花と一緒に大きなコップに投げ入れ流風に活けてみた。お花の師範はこんな時、割に役に立つ物だと、自分ながら感心する。

ダネス氏は「ワンダフル」を連発しながら、応接間のマントルピースの上に飾った。

「私達はウインド・ミルを見たくて来たのですが、ここら辺に有りますか?」と聞いてみると、「市場の向こう側の河に三基有る」と言う。

「行きたい!」と言うとダネス氏は私達三人を連れて行ってくれた。

途中に並ぶ家々や庭、窓の飾り付けはまるで映画の中で見るような、美しくて素敵な風景だった。窓のカーテン一つとってもより良く美しく外から見えるように工夫されているのである。

ある家の玄関には、風車の絵の描かれた木靴を植木鉢にして、ピンクや白、紫の花を咲かせている。その家に住む人の心の優しさが感じられるのだった。

風車は河の向こうに三基並んでおり、風も無いのに

風車

ゆっくりと羽根を回していた。河向こうに行くには、かなり先の橋を渡らなければ行かれそうも無い。

四人は諦めて土手に足を投げ出して座り、暫く眺めた。うっかりしてカメラを持ってこなかったのが残念だったが、又後で来よう。

帰りはさっきの市場の中を通りながらあっちこっち見て歩いたが、ダネス氏はどの店とも顔見知りで、その度に私達三人を「日本から来たレディー」と紹介して歩いた。

果物屋のおばさんが私にリンゴを1個くれた。洋子と隆子が不服そうにしているとダネス氏が二人に一つずつリンゴを買ってくれた。

肉屋のおじさんとダネス氏はハグして挨拶。デルフト焼きのお店で、ダネス氏は三人に10㎝ほどのデルフト焼きの可愛い木靴の形をした焼物を買ってもくれた。私達はその好意に甘えるばかりだった。

家に戻る前に「公園に行こう」とダネス氏は言い、私達を引っ張るように森の中の美しい公園に連れて行ってくれた。

池が有り、白鳥、黒鳥、鴨やアヒルもいて賑やかだが芝生の上には真っ白な、夢見るような小さくて可愛いシティーホールが建っていた。

私達三人は代わる代わるダネス氏の腕にぶら下がってシティーホールや池の畔を回ってから、家に戻った。空は菫色に変わっていた。

家に戻ると皆はもう帰った後だった。「今晩は食事をして行け」とダネス氏は言う。「夕食をいただいているとアムステルダムのユース・ホステルには戻れなくなる」と話すと「それじゃあ泊まればいい」と言う。幾らなんでもそれでは甘え過ぎと考え三人で話していると、ダネス氏は私達三人を二階に連れて行き、「寝室は三つも有るし、ベッドは五つも有るんだよ。泊まれ！　泊まれ！」と言う。

ユース・ホステルの荷物は大した物は無い。結論は「泊まる」に決まる。

ダネス氏と三人の夕食は賑やかだった。ダネス氏の作ってくれたローストビーフ、豆とソーセージの煮物、キュウリとセロリと人参のピクルス。それに何より嬉しかったのはライス付きだった。

ライスは細長いイタリア米で熱湯でグラグラと煮立て、それを笊に上げ水で晒した物でパサパサしていたが、それでも嬉しかった。

三種類のピクルスはお新香の代わりになった。

久し振りの満腹で動くのも苦しかったが、ダネス氏は散歩に行こうと言い出した。夜10時を過ぎていた。外はやっと暗くなっていた。

気を付けて見ていると、どこの家でも家の中の様子を惜しげもなく明々と見せているではないか。灯りが点いていて家族が楽しそうにしている様子が丸見えなのだ。

盗人はいないのだろうか？　大丈夫なのかしら？　余計な心配をした。

そういえばダネス氏は家を出る時鍵を掛けないで出掛けた。鍵は家に人がいる時必ず掛けていたように思う(?)のだ。

夕食時、帰ったと思った子供達は、今度はパジャマを持ってくるとさっさと二階の大人達のベッドに二人一緒に入り、寝てしまった。

その後、昼間よりも多い大人達がやって来て、又、ビールやらソーセージやらで宴会が始まった。

その内レコードに合わせて踊り出す人もいて、私達は寝て良いのか、起きていなければいけないのか戸惑ったが、私はもう眠くて眠くて、何と言われようが子供達の部屋のベッドに隆子と入り寝てしまった。

顔も洗わずに……。既に時間は午前2時を過ぎていたと思う。

左からロビー、マイケル、ジャッキー

1968年6月3日(月)　曇り

午前10時ごろ目覚めた。遅い目覚めだ。

洗面を済ませてから階下に下りる。

朝食は昨夜の残りのライスを玉子粥にして食べ、パン1枚も食べた。

しかし、この家の人達は未だ起きてこない。一寸驚き。

ただ子供達はシリアルに牛乳を掛け、そそくさと食べると学校に出掛けて行った。もう10時半になっているのだけれど……。

三人で台所の洗い物をし、綺麗に片付けた後はリビングや応接間で話したり、レコードを掛けたり、私は日記を書いたりと時間を過ごした。

ダネス氏を始め、大人達は昼近くに起きて来ると、コーヒーかビール一杯飲むと朝昼兼ねた食事を済ませてしまった。

その上、ダネス氏以外の大人達四人はプールに泳ぎに行くと出掛けて行ってしまった。仕事はどうしたの？　行かないの？

ダネス氏は新聞を読んだり、配達された郵便物を見ては整理したり、あちこちに電話を掛けたりしていた。

私達はそろそろおいとまをしなければと、部屋を片付け、ダネス氏に挨拶をしに、応接間に並んで「色々と有難う御座いました」と言うと、ダネス氏は「のぶこも、たかこも、ようこもこの家にズーッといると思っていたが、駄目か？」と聞く。「ええっ！」という事になり「本当に良いのですか？　迷惑では有りませんか？」と念を押して聞いてみた。

ダネス氏は三人の日本の女性と一緒にいることが楽しいと言うのだ。

私達は次の旅の行き先をどこにしようかと考えていたのだが、とにかくアムステルダムのユース・ホステルに残してある荷物を取りに行くことにしたし、私は船迫さんに預けたトランクも取りに行くことにした。

ダネス氏は「ここを基点に旅をすれば良いじゃないか。いいだろう？」とも言ってくれた。その方がどんなに助かる事かは分かっているが、改めて「本当にいいのだろうか？」と考えてしまった。そしてダネス氏の好意に甘えた。

4時ごろ子供達が学校から帰ってくる。母親の家には帰らないのだ。トーストとゆで卵それにミルクを飲んだ二人は映画を観に行くと言う。宿題は無いのだろうか？　二人はダネス氏からお小遣いを貰い、出掛けていった。ダネスは子供には「あまいな！」と思う。

この間この子等の母親はどうしているのだろうかと首を傾げた。

皆でレコードを聴いていると、ダネス氏は私の膝を枕に寝てしまった。立ち上がる事も出来ず、私は隆子と洋子に色々用事を頼んだ。ジャッキーが友達のフィリップを連れて帰って来た。私は隆子に頼んでリンゴと私のナイフを持って来てもらい、リンゴを丸ごと皮を剝いた。リンゴの皮が1メートルくらいになった時、フィリップがその皮をそっと持ってびっくりしている。「マジックだ！」フィリップはそのリンゴの皮を持つと、リンゴも食べずソロソロと歩きながら自分の家に戻って行った。

ジャッキーは私に「りんご食べる？」とか「ジュース飲む？」とか言いながら、友人のした事を申し訳ないと思っていたようだった。

私の膝で寝ていたダネス氏は夕飯の仕度をしようと、冷蔵庫から丸焼きにすべく鳥を取り出し、内臓の中に色々の物を詰め、木綿糸で結ぶと丸焼き機に掛けて、又私にハンドルを回させた。自分はスパゲッティーを茹ではじめ、その役を隆子が代わった。洋子はテーブルセッティングをし始めた。

夜の7時過ぎ、食事の仕度が出来た頃、申し合わせたように4人の大人達は戻って来て、テーブルに着いた。ロビーもいつの間にか戻っており、ダネス氏、子供2人、大人4人、私達3人、10人の食事が始まった。

ダネス氏は丸焼きの鳥をナイフとフォークで切り、全員に分け与える。

ビールは思い思いに自分で冷蔵庫から出して来て飲む。洋子も隆子もダネス氏の分と一緒に出して来て飲んでいる。

スパゲッティーには温めたレトルトのミートソースを回し掛けていた。

食事の後片付けをしていると、男女二人の訪問者があった。

小学校の先生で、フィリップの担当の先生だと言う。今日、フィリップが長いリンゴの皮を持って先生の所に来て「ダネスの家に日本のマジッシャンがいて、こんなに長いリンゴの皮を剝いた。皆にもマジックを見せてあげたいとの事で、今夜伺いました」と言うのだ。驚いた！

ダネス氏は「のぶこ、どうする？」と聞いて来た。私は「いつでも行きますが、日本の事も少しは話して良いですか？」と尋ねると、「勿論。きっと生徒も喜びます」と言って帰って行った。うれしい!!

その後、ロビーとジャッキーはダネス氏に、車で母親の元に送って貰い帰って行った。

四人の男女は映画を観に行くと言って、コートを着て出て行った。

残った私達三人はテレビの『ローハイド』を観る。オランダのテレビは一日中放映しておらず、朝の6時から8時迄、夕方の6時頃から10時頃迄で日中は余程の重大ニュース以外は放映しないのだ。

『ローハイド』が終わり、レコードを聴き、日記を書いていると、映画から帰った四人とダネス氏が同時に帰って来た。

どう話が付いていたのか彼等は裏庭で焚火を始める。ソーセージやゴーダチーズ、マシュマロ等を長い鉄串に刺して焼き出したところ、二人の警官が来て、焚火を消すように指示し、その上注意をした。

ジャッキーとロビーの二人がバケツに水を運んで来ると、ダネス氏が焚火に掛け消火した。確実に焚火が消えたのを確認した警官は帰っていったが、我々三人の日本人女性についてダネス氏に何か聞いているようだった。

その後、ダネス氏はその事について何も言わなかったが、片目を瞑って笑っていた。

私はコーヒーを飲み過ぎたらしく、少し胃が重痛い。

皆には悪かったが、早めにベッドに入った。

明日は洋子と隆子と相談して、荷物を取りにアムステルダムのユース・ホステルに行くことにしよう。

1968年6月4日㈫　曇り

昨夜ジャッキーとロビーが母親の所に帰ったので、子供達の寝た部屋を掃除しようという事になった。浴室のバスタブも洗う事にした。

そのジャッキーとロビーが朝早く又やって来ると、シリアルに牛乳を掛けバナナを食べて朝食を済ますと、二人でゲームを始めた。飽きるとリビングから応接間、裏庭を追い掛けっこを始めたのだ。

やっと帰ったのは昼少し前だった。二人は学校に行かないの？

ダネス氏がなかなか二階から下りて来ない。隆子が見に行くと「ようこ、のぶこ！　急いで来て！」と二階から叫ぶ。急いでダネス氏のところに駆け寄ると、ダネス氏は身体を丸くしたまま額に脂汗を浮かべて「ウワッ」とも「グワッ」とも言えない唸り声を発していた。

「ダネス！　どうしたの？」「ダネス、ダネス！」三人ともどうして良いか分からず、ダネス氏の名前を呼ぶばかりだった。

私は、隣のケインの所に飛んで行き、ケインとケインの母親を引っ張って来て、ダネス氏の様子を見てもらった。

ケインに「救急車を呼んで！」と頼んだ。ケインは急いで救急車を電話で呼ぶと共に、ダネスの丸まったままの身体を後ろからギュッと抱き締めた。何なのか分からない私達はケインのする事をオロオロと見守っているばかりだった。

救急車がやって来た。救急隊員は何も言わずに二階へ上がるとケインと一言二言話し、ダネス氏に酸素マスクを掛け、小さめの注射をした。暫くするとダネス氏は少し楽になったらしいが、未だ目をつぶったまま丸まったままだ。担架が持ち込まれ、ダネス氏はそれに乗せられると毛布を掛けられて救急車に乗って病院に向かった。

私達三人はケインに「一体どうしたのか？」とそっと聞いてみた。

ケインは暫く考えていたようだが、私達三人をベッドに腰掛けさせると静かに言った。「ダネスはノルマンディー上陸作戦の時、ドイツ兵に撃たれ、それからは長い間病院にいた」ケインの英語はあまり上手では無い。我等三人も、どっこいどっこいだ。分からない者同士の会話は詳細が理解出来ない。しかし「ノルマンディー」の単語からその時の負傷が今朝のダネス氏の苦しみの元凶だろうと三人とも察しがついた。ノルマンディー上陸作戦と言えば１９４４年６月６日だ。

ケインは仕事に出かけるので、その後の事は言わず帰って行った。

どちらにしても、ダネス氏は今日は家に戻れないだろうと思った。

私は一人、アムステルダムのユース・ホステルに預けてある荷物を取りに行くことにした。

今から直ぐ出かければ今日中に戻れると思うので、後は隆子と洋子に任せて出かける事にした。

アムステルダムに着いた時、父や母に一週間に必ず一度は絵葉書を出すという約束を思い出し、駅の売店でチューリップ畑の絵葉書を買い、切手もチューリップにした。その絵葉書には丸いシールが貼ってあって、めくるとチューリップの香りがするとの事。香りも父母に届けられるなんて洒落た志向だと嬉しかった。

ポストはトロリーのお尻に付いている。ポストに入れるとそれは郵便局に直接届けられるそうだ。回収する郵便車が走り回る事は無いのだ。

面白い仕掛けだと思った。

荷物を持ってワッセナールに戻るとダネス氏は病院から戻っていたが、今は寝室で休んでいるとの事。ほっとする。

私は一人で市場へ夕食の食材を買いに行く。今夜はダネス氏の好きなミートスパゲッティーにする事にした。肉屋、八百屋、果物屋で買い物を済ませた時、市場の道の角に屋台が出ているのを見つけた。何人かがその屋台の傍で顔を空に向けて何かを食べている。

近寄ってみるとニシンの立ち食い屋台だった。10㎝ほどのニシン（頭と内臓は綺麗に取られている）に晒し玉葱のみじん切り、洋がらしとマヨネーズやケチャップを挟んで頭をのけぞり、口をあんぐり開けて食べるのが作法だと言うので、私もそのようにして食べてみた。生のニシンをこんなふうに食べるのは初めてだった。でも美味しい！

屋台のおじさんが、私に「ヤーパン？」と聞く。「ヤー」と言うとキッコーマン醤油の小瓶を出してくれた。

私はもう一匹頼んで醤油味のニシンを、やっぱり頭をのけぞらし、口をあんぐり開け飲み込むように食べた。

生臭さも無く、寿司を生魚で食べる習慣の有る私達日本人には全く抵抗は無い。

食後、ダネス氏は歯を磨くと早々と二階の寝室に消えた。やはりあまり体調が芳しくないのだろう。

ケインがやって来ると、ダネス氏の寝室に入って暫く出て来なかった。

私達三人は夜の街（夜と言っても外は未だ明るい）に出掛けた。

歩いていると不思議そうに私達を振り返って見て行く人もいる。

閉まってはいるが、眼鏡や時計、カメラを売っている店が有った。覗いてみると、キヤノンやミノルタのカメラ、セイコーやシチズンの時計も美しくデコレーションされ、飾られていた。

すっかり暗くなってから家に戻った私達は、そっとダネス氏の寝室を覗くと、もうケインはいなかったし、ダネス氏も、軽いイビキを掻いて寝ていた。一安心だ。

テレビの『ローハイド』を観てから寝ようとしていたが、ふとレコード盤の幾つかを見てみた。

プレスリーの『ノー・モア』と『ハワイアン・ウエディングソング』は何度聴いても好きな曲だ。

ダネス氏はアメリカ人。帰れないアメリカを偲んで集めたレコードはビング・クロスビーの『雨に歌えば』や『ホワイト・クリスマス』、『ジョニーギター』『コロラドの月』も有るし、フォスターの『草競馬』『峠の我が家』等も有った。

全部は聴く時間が無いので、音量を下げて『ノー・モア』だけ聴いてから休んだ。

ダネス氏が又発作を起こさないよう祈りながら……。

1968年6月5日㈬　曇り時々雨

昨日のことも有って、朝目覚めたのは9時を過ぎていた。昨夜は歯も磨かず寝てしまったので口の中がベタベタしている。急いで歯を磨き、顔を洗う。少しまぶたが腫れぼったい。洋子も隆子も階段をノソノソ下りて来たが、やはり寝不足のようだ。

食事も食べたくないと言う。ダネス氏も起きて来ない。どういう訳かジャッキーもロビーも今朝は来ない。うるさいから助かる。

午前9時半、でも何か食べようかと、ハムエッグとトースト、マッシュポテトとコーヒーを用意していると、ダネス氏がやっと起きて来た。

「昨夜は御免なさい。心配掛けたね」と照れくさそうに笑いながらテーブルに着いた。

私達三人はそれぞれに「ダネス、大丈夫？」「無理しないでね！」「ミルクの方がいいかしら？」と気を使った。

その時慌ててケインが入って来て、テレビをつけた。皆が驚いているとテレビのニュースが映され「ロバート・ケネディーが暗殺され、現在の詳細は不明」の臨時ニュースだった。オランダではこの時間帯は余程の事が無い限りテレビは放映しないのだ。

ダネス氏の驚きは尋常では無かった。コーヒーカップを落とし割ってしまい、ふかふかのシルバーの絨毯はコーヒー色に染まった。テーブルに突っ伏して口惜しそうにゲンコツで叩いている。

ジョン・F・ケネディーを暗殺され、続け様にその弟も暗殺され、ダネス氏の落胆振りは傍にいる私達にはどうする事も出来ない程の痛ましさだった。

飛び込んできたケインは勤め先の電器メーカー（フィリップ社）から仕事中なのに車を飛ばし来てくれたらしい。テレビのニュースは会社では直ぐ入ったとの事だった。そのケインもどうしようもなく、ただダネス氏の背を撫でるばかりだった。

世界の人々、特にベトナムの人々はどうなるのだろうか。

ダネス氏が重い口を開き、話し出した。

「自分は１９４４年６月６日、ノルマンディーオマハ海岸上陸作戦に参加していた。23歳の時だった。そこでドイツ軍の銃撃に遭い、身体中に散弾を浴び倒れた。その後は何度も銃弾摘出手術を受けたがいまだに幾つかは身体の、特に筋肉に入り込んだ弾は簡単には取れず、昨夜のように痛み出すのだ。死ぬまでこの苦しさは続くんだ。戦争は嫌だ！　戦争をしてはいけない！」そう言ってうつむいた。

ダネス氏の年齢は52〜53歳だろう。

私達三人はダネス氏の英語の話は半分くらいしか分からなかったが、「戦争をしてはいけない」の言葉だけははっきり理解した。

私の頭の中にある「ノルマンディー上陸作戦」といえば、アメリカ軍の上陸用舟艇が海岸に乗り上げる様を何かの写真で見た事ぐらいだ。

朝のTVニュースで放映された後は、夕方の5時までTVは点かないので詳細は分からないが、どうもロバート・ケネディー氏は亡くなったようだ。

過去の歴史はノルマンディー作戦で終わったかのように見えるが、いまだに苦しむ人々が沢山いる。歴史は終わっていないのだ。この度のロバート・ケネディー暗殺も歴史だ。フランスの学生ストライキも歴史の一つだ。私は旅の途中で幾つかの歴史、そして歴史のその後を見た証人なのだと思った。ケインはそっと社に戻って行った。


12時半、先日約束したワッセナール小学校の先生が車で迎えに来た。

重い顔を上げてダネス氏は私に早く行ってあげなさいと言って二階に上がっていった。泣いた顔を先生に見られたくないのだと思った。

私はリンゴと自分のナイフ、折紙、日本の切手、塗箸、五円玉を幾つか持って出掛けた。

小さいけれど何とも可愛い小学校で、赤い屋根に白い壁、窓にはそれぞれ花の鉢が掛けられており、先生はじめ、生徒達が手を振って迎えてくれていた。

私は日本語と英語と覚えたてのオランダ語で挨拶し、名前を言った。

先ず、リンゴの皮剝きを子供達が見やすいように少し高めに持ってゆっくりと少し細めに剝き続けた。先日のフィリップが持って帰ったのより細く長い皮になった。子供達の目が興味にキラキラと輝いている。次に剝いたリンゴを細かく刻み、塗箸でそれを一つずつ摘んで子供達の口に入れてやった。緊張のあまり口を開けられない子供もいたのが可笑しかった。

折紙で鶴や風船、帆掛け舟を折ると端から子供達は欲しがり、とうとう一束30枚有った紙が無くなってしまった。

2時間の約束の内、とうに一時間半は過ぎてしまっている。しかし子供達や教師までが私の周りから離れず、次は何をするのか待っている。

私は教師に「世界地図が有ったら貸して欲しい」と英語で頼んだ。

一人の先生が急いで大きな世界地図を持って来てくれ、それを広げた。

「日本はどこにあると思う？　君は分かりますか？」一人の男の子に話し掛けてみると、その子はロシアと中国と香港辺りを指でまさぐり首を傾げていたが、香港の所で指を止めた。

「僕のおじさんが香港で日本のシチズン時計を買って来たから……香港の中にあると思う」と言う。

日本の地図とは大違いで、ヨーロッパが地図の真ん中に描かれており、日本はというと右上の端っこに消え入りそうに描かれ、赤くも無い。

私が指の先で「日本」と言うと子供達はびっくりすると同時に大笑いした。驚いたのは私の方だ！　日本は優秀で精巧でメカニックな製品を作っている国だから、もっと大きな国だと思っていたのが、あまりの裏切りに大笑いしたようだった。びっくりしたのは子供達だけではなく、教師の中にもいたくらいだった。

次に私は白板に「木」と書いて「き・ツリー」と言い、「川」と書いて「かわ・リバー」、「月」と書いて「つき・ムーン」、「犬」「いぬ・ドッグ」と易しい文字を幾つか書いて見せた。英語でしか説明できないが、教師が一つ一つオランダ語で解説してくれたので大変助かった。

子供達の帰りが遅く、心配になった親達が教室まで迎えに来ていた。子供達は時間を忘れる程楽しかったらしく、親に連れられて行く時「ノ・ブ・コ」と大声で叫びながら帰って行った。

私もリンゴの皮剝きならほんの一時間も有れば充分と思っていたが、3時間も子供達の楽しそうな顔につられて時を過ごしてしまった。

帰りは又教師に車で送られて帰って来た。

4時少し前だったが、隆子と洋子は夕食の買い物に出掛けるところで、私は疲れたので家で休む事にした。ダネス氏も心配だった。

二人は今晩ダネス氏は友人の結婚式のレセプションに出ると言うので、軽い食事のメニューで済ます事にしたと言う。

洋子はイタリア米でお粥を作り、何か白身の魚を塩焼きかバター焼きにしてみたいと言う。未だ充分身体が回復していないダネス氏にはその方が良いかもしれない。

それなのに結婚式のレセプションに出席するというのは少し無理があるのではないかと思ったが、友人を大切にするダネス氏の行為は止められそうもない。胃に負担の無い食事を用意するより仕方ない。

リビングではダネス氏が黒のスーツを用意し、ネクタイを選んでいた。タイピンとカフスはあこや貝に小さめの真珠の付いた物を用意していた。ダネス氏、おしゃれ！

ダネス氏は私を見ると「サンキュー、疲れただろう？」と言って笑いながら「レセプションに一緒にゆくか？」と言ってくれたが、楽しかったのにとにかく疲れていた。本当は行きたかったが断った。

PM5時、黒いスーツを着たダネス氏は、迎えに来たスウェーデン人の男の人と共に結婚式のレセプションに出掛けて行った。

私は知らず知らずソファで寝てしまっていたようだ。

買い物から帰った洋子と隆子は夕食の仕度をし、ダネスの氏の帰りを待ちながら、裏庭でタバコを吸っていた。

7時過ぎ、あまり体調が良くは無いのだろうダネス氏はやはりあのスウェーデン人に送られて早めに帰って来た。

一休みした後、夕食になった。私達はダネス氏はあまり食べないだろうと思っていたが、不思議なくらいお粥を食べ、白身魚もペロリと食べてしまった。レセプションの会場では皆があまりにもダネス氏の身体を心配するので、何となく食べ難くカナッペを二つ三つ食べただけだったそうだ。そんな調子だったので、すご〜くお腹が減っていたとの事。

私達三人は、豪華なお料理を食べたかったのに我慢しているダネス氏を想像して笑い転げた。かえってダネス氏はこのお粥が気に入ったようだった。ダネス氏の体調が完全に良くなっている事を感じ、私達一同ほっとした。

そんな事も有って、ロバート・ケネディーの話は一切しなかった。

ダネス氏が入浴後はいつもより早くベッドに入ったのを見てから、私達三人は後片付けの後、TVを点けて「その後のロバート・ケネディーの様子」はどうか、ニュースを見てから各々ベッドに入った。私は疲れていたが、今日の日記を丹念に書いておいた。

良い事、悪い事、悲しい事、楽しい事、色々有った日だと思った。

1968年6月6日㈭　雨のち晴れ

やっぱり疲れていたのか目が覚めたのは11時少し前だった。

朝食兼昼食のブランチ。ハムエッグ、野菜サラダ、そして今日はジャムではなく蜂蜜を塗ったパン。ダネス氏も途中からテーブルに着いた。

ダネス氏の家に三人で泊まるようになって、今日で6日目になる。

幾らダネス氏が「いいよ」と言ってくれているとは言え、あまりにも図々しい。

食費は私たち三人が半分以上出すとは言え、やっぱり甘え過ぎだと考えたし、それと共に旅はまだまだ途中なので、行きたい所は沢山有る。どうすべきか食事をしながら三人で相談をする。

食後は私は後片付け、洋子と隆子は部屋の掃除をしたり洗濯をしたりと何とかダネス氏にお礼をしているつもりでいたが、もうそれはダネス氏の日常の生活になってしまっているみたいだった。

ダネス氏が「ノブコ、花を買いに行こう」と私一人を誘った。洋子と隆子は一休みとでも言うように裏庭でタバコを吸っていた。

今日は6月6日。24年目のノルマンディー上陸作戦成功（?）記念日だった。白い鉄砲百合10本を白とブルーのリボンで結んでもらい、それを抱えてダネス氏と私は家に帰って来た。かなり大きな花束だ。

午後1時、ダネス氏はタクシーを呼び「戦友の集い」に花束を持って出掛けて行った。

私は未だダネス氏宅にお世話になるのなら2～3日の内に、シュツットガルトの船迫さんに預けてあるトランクを取って来ようと考える。その間洋子と隆子に留守を頼むか、小旅行をしていてもらう事にしよう。夜行で行けば次の日の夕方には戻れるだろうと思った。

「今夜すきやきにしない?」私の提案に二人は賛成してくれた。

早速買い物のリストを作る。ここに無い物は何か代わりの物を探す事にし、三人して市場に出掛けた。ドアを出た途端電話が掛かり、急いで出ると、ダネス氏の長女ディアナからの電話だ。彼女も英語半分、オランダ語半分で、私には用件が伝わらない。とにかく「ダネスが戻ったら直ぐ掛け直す」と言って電話を切った。大事な用や、急ぎの用ならどうしようと思うと、気が気ではなかった。

しかし仕方が無い。メモに「フロム・ディアナ、Ｔｅｌ」とだけ書いて残し、市場に出掛けた。

夜8時、ダネス氏はタクシーで戻って来た。少しお酒が入っているらしく、色白のダネス氏の顔はピンク色に染まっていた。

ディアナからの電話のメモを渡すと、ダネス氏は直ぐディアナに電話を掛けたが、たいした用ではなかったらしく「ＯＫ、バーイ」で終わった。たいした用件ではなかったようで、安心する。

直ぐ食事になった。「今晩は日本のす・き・や・き」と言うとダネス氏は大喜び。台所で鍋を完成させた後、テーブルにはホットプレートを置いてその上に載せた。

ダネス氏はすきやきの名前は知っていたが、食べた事は無いと言う。

何やら洋子と隆子のテーブルセッティングを見、私たちの食べ方を見ながら同じように食べるダネス氏の様子に、四人とも笑いながら楽しんだ。

甘醤油で煮た牛肉に生卵をつけて食べる様子をじっと見ていたダネス氏。生卵がどうも苦手のようで、「洋子、生卵なしでもいいか?」と聞きながら、肉だけライスに載せて食べた。

白滝の代わりに中華用食材店で買った春雨と缶詰に入った豆腐、長ネギの代わりに玉葱、椎茸は無いので八百屋で手に入れたマッシュルームと名前は分からないがシメジのような茸、ごく薄くスライスした牛肉（肉屋のおじさんがびっくりするほど薄い牛肉）でのすき焼きは大成功に終わった。ダネス氏はすき焼きの汁をライスに混ぜてスプーンでかっこんでいた。本当においしかったようだった。うれしい!

少しでもダネス氏を喜ばせたり、楽しませたりする事が私達の役目のように思えてならなかった。

デザートは隆子がフルーツヨーグルトを作っておいてくれたので、口の中はさっぱりとし、食事はコーヒーで終わった。

皿洗いをしていると、ダネス氏がやって来て、三人に一人一人おでこにキスをしてくれ、後は書斎に入り鼻歌を歌っていた。本心楽しかったようだった。何故なら「友人を連れて来るから又作ってほしい」とも言ってくれたからだ。

書斎から出て来たダネス氏はリビングでシェリー酒を私達に勧めてくれ、楽しそうに飲んで、私の好きなプレスリーの『ハワイアン・ウエディングソング』のレコードを掛けてくれた。

ノルマンディーでの激しい戦いに、自分も傷つき、友も多く亡くし、悲しみの集いから帰ったダネス氏は、きっと生きている事の意味を深く知ったのだろうと私は思った。「戦争をしてはいけない！」ダネス氏の心の叫びは何も言わないが、私には分かった。

この時私は「大きな荷物を友人に預けてあるので、良ければそれを明日か明後日取りに行きたい」とダネス氏に相談すると、「ＯＫ、早く戻って来て欲しい」と言う。

隆子はアルビオン化粧品の指導員との事なので、ダネス氏の頭をソファの背に乗せるとクリームを塗ってマッサージを始めた。疲れていたのかダネス氏は軽いイビキを掻いて寝てしまった。

ほどほどにしてダネス氏に毛布を掛け、そのままソファに寝かせ私達は二階のベッドに入った。

1968年6月7日㈮　晴れのち曇り

夕べの夢を思い出しながら起きたのは午前11時だった。

この家では起きるのも寝るのも個人の自由に任せている。しかし11時は幾らなんでも遅すぎて朝食を抜いてしまう。

夕べの夢〔私が会社に戻ったら机が無くなっている。友人や仲間も今迄のようには親しく接してくれないばかりか、上司などは私を無視している。時々横目で見ては、仕方ないだろうとでも言うように横を向く。出発の時には色々と励ましてくれた人々だったのに……〕。

何だか淋しくなって大声で泣いた。泣いた自分の声で目が覚めた。

お粗末な夢！

ベッドから起きてウロウロしていたら、洋子がダネス氏のパジャマを洗っている。洗濯機が有るのに、袖口や襟等の落ち難い所を丁寧に手で洗っていたのだ。今日は日が薄いが、風が有るので充分乾くと思った。

午後、ディアナの友人メディーの父親が亡くなったと電話で連絡が有り、ダネス氏は急いで自分で自動車を運転して出掛けて行った。ダネス氏は自分の身体の事もあって、余程の事がない限りタクシーを使っていたが、その時は自分で運転して行った。

昨日の結婚式のレセプションには元気に出席していたのに突然の心臓麻痺で亡くなったとの事。一旦帰って来たダネス氏は残念そうに話してくれた。私達はメディーの事はあまりよく知らないが、とにかくディアナの友人という事もあってやはり悲しい思いでうろうろしてしまった。ダネス氏は思い直したように、笑いながら私達に向かって「皆は大丈夫か？」と聞いて来た。三人ともただうなずいて「大丈夫です」と答えた。

努めて楽しそうに普段通りに振舞うが、どうしても皆無口になってしまった。

4時過ぎ、四人で買い物に出掛けた。夕食はスパゲッティーと野菜サラダとごく簡単にする事にした。気が重いのだ。買い物の途中、ダネス氏と私達三人は魚屋に寄り、鰯の酢漬けを大口開いて食べた。寿司を食べ慣れている私達日本人には馴染みの味で、何とも美味しい。私は二匹、隆子と洋子は三匹も食べた。

乳製品は安くて美味しいので助かるが、何故か野菜が高いのはこたえる。ピーマン（大）3個150円くらい、レタス1個100円くらい。その為か日本なら当然捨ててしまいそうなレタスの外側の葉も、ここの人は一枚一枚大切に使っている。

ダネス氏が突然「ノブコ、明日花を活け直してくれないか？　メディーのお父さんの為に」と言う。私は「勿論」と笑って答えた。

家に戻って暫くすると、メディーとメディーの弟さんが二人とも目を真っ赤にしながらやって来た。どこの国でも親族、友人が亡くなれば皆一様に悲しむ事は同じだ。ダネス氏と私達三人は二人の肩を抱いて、慰めあった。何と言って慰めてよいのか言葉が通じない分、互いに強く抱き合った。次の日曜日がお葬式と伝えて、二人は帰って行った。入れ違いに一人の高校生が来て、ダネス氏と話をしていたと思うと、裏庭の芝を刈りだした。即ち、芝刈りのアルバイトをしに来たのだ。高校生ともなるとアルバイトをして自分の学費を稼ぐのがこのオランダでは普通の事との事だ。日本はどうだ！

親の脛をかじって大学迄学生をやっているのだと思った。自分の働いたお金で学校に行くのだから、しっかり勉強をするそうだ。日本も考えるべきでは無いだろうか。ふと、そう思った。大学に入ったら、遊びまくる学生が多いと聞く。

夕食後、寒いので四人ともコートを着て、道路に面した庭で椅子に掛けて少しずつ暮れていく空を眺めた、皆何も言わない。

ロバート・ケネディーの死、メディーの父親の死、ノルマンディー戦友の死、皆は「死」について各々黙って考えつつ過ごした。

寒くなったので家に入り、TVで『ボナンザ』を見る。

TVは2局しか無いし、朝と夕夜分なので新聞のテレビ番組の記載もごく小さな欄しかないのは淋しい。

1968年6月8日(土)　雨

朝10時起床。朝食はパス。

明日は日曜日なので市場はお休み。今日の内に必要な物は買い置いておかなければならない。私と洋子、隆子の三人は市場に出掛けた。パン、ジャム、ソーセージ、チーズ等は多めに買うが、雨が降っているため、各々手分けして買い出しをする事にした。

私はダネス氏に頼まれた花を活ける為、鉄砲百合と黄色いミモザ、ドイツあやめを買う。大きな活け花になりそうだ。

家に戻って昼食の用意を洋子と隆子に任せ、私は花を活ける事にした。花器が無いので色々考えた末、壺形の傘立てを綺麗に洗いマントルピースの前に置き、それに活けはじめた。

やっとダネス氏が起きて来た。

花を活けている私を見てニコニコしていたダネス氏。私のおでこにいきなりキスをした。気に入ったようだ。花代と言って20ギルダーを渡されたが、私は10ギルダーをダネス氏にもどした。私達三人もメディーの父親の為に花を活けるのだと伝えるのに、四苦八苦した。

昼食後、TVでロバート・ケネディーの葬儀を放映しているのをダネス氏と共に見る。それが終われば、夕方までTV放映は無い。今日は特別昼放映されただけだ。それがオランダのTV放映の仕方だ。

今日は私が船迫氏の所に預けて有るトランクを取りに行く予定なので、出かける用意をする。ダネス氏淋しそう。

隆子も洋子もどこかに行こうと地図やガイドブックを調べ始めている。夕方私と一緒に駅まで行くと言うのだ。

夕方バスでハーグまで行き、直ぐ来たアムステルダム行きの列車に乗る。今晩乗るハンブルグ行きの夜行列車の時刻を調べると、8時15分が有り、ハンブルグ着が午前2時50分。

そこからシュツットガルト行きに乗り換えれば良いと考えた。

早めに列車がホームに入って来たので、指定されたファースト・コンパートメントの席に着く。

一人の黒人の男性が同じコンパートメントに入って来た。

三人とも同時にベッドを作れないなと思っていると、車掌がやって来て私達のERパスを見てニコニコしていたが、黒人の男性の持っていたチケットを見ると「ファーストクラスのコンパートメントだから貴方は2等車に行ってください」とでも言うように、割に冷たい態度で言ったのには一寸驚いた。

黒人の男性は車掌に追い出されるように出て行った。一同シュン！

三人だけになれたので座席を伸ばし、ベッドを作り直ぐ横になり寝てしまった。私は洋子と隆子の二人はどこに行くのか聞こうと思いつつ、寝てしまった。

しかし、オランダを出る時、ドイツに入る時、その上ビールはどうか、アイスクリームはどうかとの売り子にその都度ドアをノックされ、ゆっくり寝ていられなかった。

12時を過ぎる頃やっと落ち着いて寝る事が出来た。

1968年6月9日㈰　晴れ

目が覚めたのが午前4時。

ハンブルグはとっくに過ぎてしまっていた。三人ともどうしてよいか分からず途中の駅で降りて引き返そうと思ったら、駅員にこの時刻にはそんな列車は無いと言われ、仕方無く又元の列車に乗り込みコペンハーゲン迄行く事にした。コペンハーゲン着午前9時。

今夜の夜行でハンブルグに戻る事にして、それまでの時間にまだ行っていないヘルシンガーにあるエルシノア城（ハムレットの舞台）に行く事にし、直ぐ出る列車でヘルシンガーまで行く。一時間で到着。

今日は良い天気なので海が美しい。エルシノアの城の緑の屋根が駅に降りると

シェイクスピアのレリーフ

直ぐ見えた。城を目指しながら歩いて行く。海の見える丘の上に城は建っている。

今日は何故か城内に入れないと言う。中庭までしか入れない。中央に水飲み場があるので水を飲んだ後、城壁のシェイクスピアのレリーフの有る所で写真を撮ったり、城の外の芝生の上でスウェーデン側の半島を見ながら食事をしたり、昼寝をしたりゆっくりと楽しんだ。

海は青く、ヨットの帆は白くまるで映画の一場面のようだ。手の届きそうなスウェーデンも建物が見える程の距離だ。

エルシノアの城の下では、魚を釣る人、日光浴をする人、絵を描く人、子供と遊ぶ人、皆それぞれ楽しんでいるようだ。

一人メディーの父親の葬儀に参列しているダネス氏に申し訳なく感じた事は三人とも同じだった。

エルシノア城

私達はハンブルグに引き返さなくてはならないので、ヘルシンガー駅午後5時10分の列車でコペンハーゲンに戻った。

ロッカーに荷物を預けてと思ったのだが一つも空きが無い。

仕方なく荷物を持ったまま3クローネ（150円くらい）を支払ってチボリ公園に入る。

食事に回す事も考えたが、又いつチボリに来れるのか分からないので思い切って3クローネ払って入った。

子供の楽隊が通り過ぎる。夜7時でも明るいのでネオンは未だ点かない。洋子と隆子は二人してどんどん遊び回っている。私はベンチで荷物のお守りだ。子供達がジェットコースターに乗って奇声を上げているのが聞こえる。隣に座った人がアイスクリームを美味しそうに食べる。食べたいのをグッと我慢する。

日本に帰る迄、出来るだけ節約しなければならなかったからだ。

今後どうするか一人考えてみる。まだまだ行かなくてはならない所、見なくてはならない所が沢山有るが、ダネス氏の所でお世話になってから気が緩んでしまったようだ。

ウイーンからモスクワ回りで日本に帰る事もチラッと頭をかすめた。

ＥＲパスはまだまだ日程が残っているのだから、使いこなさなければもったいないしとも考える。第一目的のピサの斜塔を見なければ帰れない。

音楽隊が私の座っているベンチの前で演奏を始めた。寒くなったので立ち上がり、音楽に合わせて足踏みをして身体を温めた。

隣にいた人が私にチョコレートをくれた。何と美味しかった事か！

寒さが身体から抜けていってしまった。チョコレートの力は凄い！

辺りが暗くなると、タージ・マハルを模したレストランのネオンが美しく輝く。写真が撮れないのが真に残念！

終始荷物番の私は洋子と隆子が散々楽しんで帰って来た時、一寸ふくれっ面をしてみせた。

寒いのにアイスクリームを買って来てくれたのには「喜ぶべきか？ 悲しむべきか？」ハムレットのように悩んだ。

遊び過ぎて、夜行列車に何とか間に合うようチボリから戻った。

もう少し遅ければ乗り遅れるところだった列車に飛び乗ってホッ！

駅で買ったパンとコーラ、鰯のオイルサーディンで夕食をとる。

コンパートメントの椅子をベッドに直してそれぞれ寝たが、疲れていたのか二人は直ぐ寝付いたが、私はチボリに少し心残りがした。

この前のコペンハーゲンは雨で、その上寒かったので淋しかったのを思い出しながら、窓の外を眺めていた。

1968年6月10日(月)　晴れ

朝6時45分ハンブルグ着のはず。6時に目が覚める。

例の如く、車内ではERパスの検査と入出国の検査で度々起こされたのでゆっくり寝る事も出来なかった。寝不足勝ちで〜す。

ハンブルグ駅から地下鉄でユース・ホステルに行く改札口が分からず、切符も買わないのに何故かスッと通って来てしまった？

ユース・ホステルの受付は夕方6時半からだと言う。変なの！

仕方が無いので荷物をユース・ホステルに預け、朝食をしに出掛けた。

その後、洋子と隆子が荷物を預けている人の所へ行く事にすると言う。

店でハンバーグサンドを買って食べていると、隣に座った日本の男性が「これからギターを演奏して、食費を稼ぎに行く」のだと言う。

駅まで一緒に行き、別れた後、洋子と隆子の友人のアパートに向かう。

アパートは暗い階段を6階まで上る。彼は中華料理店でアルバイトをしている人で、午前11時までアパートにいるという事なので急いで上った。ドアをノックすると、未だパジャマ姿だった。

彼女達の家族から手紙は届いているが、肝心のお金（為替）が入っていないのでがっかりしていた。外国為替で別便で送ると手紙には書いてあるとの事だった。その分が届いていないので心配する。

彼は着替えをしながら私達にコーヒーを入れてくれた。洋子と隆子は二人で何か話をしていた。

彼は「店に出なくてはならないので」と言って一緒に部屋を出た。

彼と別れ近くのデパートに入って食料を買う。安い。大きなパンとチーズ、大きなパック牛乳を買って、近くにある美しい公園に入った。

池が有り、柳の木が枝を水に落とし、色とりどりの花が咲き何とも静かな美しい明るい公園。何となく日本の庭園を感じさせる。

静かな木陰で昼食をとる。

桜草が咲いていて、「ジャパン」の名札が立っていた。雀が来て、私達が投げてやるパンくずを啄む。牛乳を飲みすぎて、三人ともお腹がガブガブしていた。

郵便局に寄り、私は切手を買い、洋子と隆子は送金されていない外国為替についてエログラムを書いて日本の家族宛てに送った。

私はこの後スイスを回り、それから洋子たちと別れて船迫さんに預けて有る荷物を受け取り、家からの手紙が届いていないかを聞いてからワッセナールのダネス氏のもとに戻るつもりだ。

ユース・ホステルに戻ると、予約は取れたが部屋には入れないので受付で待っていると、カナダとオランダから来た二人の男性が話し掛けてきた。ギターの彼も稼ぎから帰って来た。６時、やっと入室出来る。荷物を置いてから、ユース・ホステルの食堂でギターの男性と我々三人とで夕食をする。温かいポテトスープが美味しかった。

ギターの彼は、今日は20マルク程（約１８００円くらい）稼いだからと我々にコーラをご馳走してくれた。

久し振りに熱いシャワーをたっぷりと浴び、早めに床に入った。

今日の出費を計算すると４・６９マルク（４７０円くらい）とユース料金3マルクとなる。

これなら明日はフライドポテトとアイスクリームが食べられそうだ。ドイツは一日５００円（４・５マルク）有れば生活出来そうで、今後出費がかさむようならドイツかオランダばかり回るのも一つの方法かもしれないと思った。

そろそろダネス氏にも会いたくなって来た。

やっぱりワッセナール村に戻りたいと思いながら眠った。

1968年6月11日㈫　晴れ

朝起きると雲一つ無い良い天気だ。昨日の公園に行きベンチに腰掛けている内に三人ともうつらうつらしてしまった。急に寒い風が吹き目覚める。いつまでも公園にいるわけにもいかないし、第一時間がもったいない。

アルスター湖に行ってみる。白い帆をつけたヨットが沢山見える。

芝生の上に座っている内に、洋子さん隆子さんは又寝てしまった。

私は手紙を書き、カメラを持ち町の方に行ってみた。フライドポテトとソーセージで昼食。ミルクとチョコレートを買って元の場所に戻ってくると二人ともいない。4時過ぎまで日記をつけながら待つ。

遠くで赤いジャケットを着た二人が手を振っている。急いで行くと、私のいない間に雨が降ったので、東屋に入って待っていたとの事。私は雨が降った事は知らなかった。そんなに離れてはいない筈?

四人のドイツ青年が声を掛けて来たが、英語が少し出来るが充分ではないのであまり長時間話せず、双方とも「バ〜イ」と別れた。

アルスター湖から吹き上げる風が強く寒いのでデパートに引き返し、夜食の食料を買う。一人当たり3クローネ（300円くらい）で済む。駅へ列車の時間を確かめに行き、その後通りすがりのツーリストで小一時間座って、あれこれ調べたり、係員に聞いたりした。

そこから出た後、街角のアイスクリーム屋で久し振りにアイスクリームを買って食べる。今迄我慢していたのでとても美味しかった。そこで偶然、コペンハーゲンで出会った男の人三人に会った。しかしあまり話は出来ず、直ぐ別れてしまう。ユース・ホステルに戻り、荷物を持って駅に向かう。

夜汽車は6時15分発車なので、直ぐ乗り込む。列車が走り出すと直ぐに夕食を取った。三人で大きなパンを千切っては食べた。飲み物なしは本当に辛い。小さなトマトが唯一の助けだ。そろそろ寝ようかとした時、スイスのベルンで男の人がコンパートメントに入って来てフランス語で話し掛けるが、フランス語はまるで駄目な私達とは話が通じず彼はすごすごと出て行った。途中から又別の男性が一人入って来たが、その人は直ぐシートに横になり寝てしまったので、話もせずに済んだ。

バーゼル着午前6時25分。パスポート検査が6時頃一度だけだったので、今度の夜行は割にぐっすりと寝る事が出来た。明日の天気が気に掛かるし、行き先も考えなくてはならない。いい加減な旅だな～と思ったが、まっ！　いいか！　と寝てしまった。

1968年6月12日(水)　晴れ

午前8時15分、スイスのチューリッヒ到着。インフォメーションに行き地図を貰い、これから登るユトリベルグ山の事を聞く。5ドルをスイスフランにチェンジする。

ロッカーに荷物を預け、食料だけ持ってセルナー駅へ行き、一時間に一本の割合で電車が出ているのでそれに乗ることにする。片道2・2スイスフラン。往復3・6スイスフラン（約300円）。乗る前に30分程有るので、駅のベンチで朝食をとる。

電車は一台の客車が行ったり来たりするため、片道25分ずつ掛かりそれで一時間に一本なのである。終点で降り、15分ほど歩くとユトリベルグの山頂だ。チューリッヒ湖とチューリッヒの町が一望だが少し雲がある為、アルプスの山並みは見る事が出来ない。栗鼠が近付いて来る。パン屑を投げてやると両手で挟んで食べるのだが、それがとても可愛らしい。ピーナッツをやる人がいたが、栗鼠は食べずに一つ一つ土に穴を掘り隠していた。

頂上のホテルの傍に高い塔が有り、上ってみるが風が強くすぐ下りてしまう。きっと晴れていればここが一番見晴らしが良いのだろう。

一時間ほど遊んでから駅に戻り昼食にする。鳥がやって来てパン屑を拾って食べて行く。

山の様子は日本と似ていて、まるで奥多摩を歩いているような気がする。下りの電車が来るまでスイスの子供達とシャボン玉で遊ぶ。

セルナー駅に戻ってから、チューリッヒ湖迄歩いて行く。途中、スーパーマーケットで食料を買う。チューリッヒ湖では遊覧船に乗らずに、コモ湖に行く事にしたが、コモ湖のユース・ホステルは7月からでないとオープンしないという事を、向かった列車の中で知った。三人で「どうする？　どうする？」と言い合ったが相談の結果、イタリアのミラノ迄行く事にした。

ユース・ホステルに泊まれるか否かで旅の目的が思いがけない方向に行ってしまうのはよくある事だが、少々困ったもんだ！

だが、イタリアは夏時間になっている為、到着は夜10時となる。急いで時刻表を見るが行き先の適当な所が見つからない。仕方なくパリ行きに乗り、途中スイスのローザンヌで降りケルンへ行き、ユングフラウへ行く事にしたが果たして予定通りに行く事が出来るかどうか分からない。これが面白いのだ！

こんな時一人だったら、きっと私は泣き出していた事でしょう。

しかし、三人組の我々は頑張れるのだ！　空元気を出す！

とにかく、パリ行きの夜行列車に乗る。ＥＲ様々です。

1968年6月13日㈭　晴れ

案じていた通り、寝過ごしてしまった。面倒くさいと三人ともパリまで行く事にし、朝食のパンをかじり、チーズをかじる。

午前9時28分、パリのリヨン駅に到着。

ロッカーが壊れていて使えない為荷物を持ったままユース・ホステルに行く。残念な事に7月6日～8月15日迄閉鎖中の為泊まる事が出来ない。ホテルやペンションに泊まる余裕が無いので、又夜行でどこかに行く事にする。ERパスは本当に有り難い存在。

コンコルド広場からシャンゼリゼ通りを歩き、交通公社を探すが見つからない。途中日本人に会ったので聞いてみたところ、エトワール通りに日本航空があり、そこで聞いてみたらと言ってくれた。

隆子さんは疲れたと言うので荷物を彼女に預け、洋子さんと二人で探しに行く。日本航空を見つけた時、何故だか分からないが、涙がポタポタ落ちてしまった。あの鶴のマークが日の丸に見え、日本に出合ったような気がしたのかもしれない。

日本航空で聞いてみると、直ぐ裏との事。アパートの二階に事務所があり、日本人スタッフ二〜三人とフランス人女性一人がいた。

どこか安いホテルが無いか聞いてみたが、難しいとの事。調べておくので午後2時過ぎに来てみてと言われる。

コンコルド広場に戻り、今度は隆子さん洋子さんと三人で木陰の売店でコーラを買い、傍の椅子とテーブルの所で昼食にする。コーラ1・87フラン（約130円）、やはりパリは物価が高いねと話していたが、テーブルに着かなければ、1フランだとの事を後で知った。折角座ったのだからと日記を付けたり、地図を調べたり、絵葉書を書いたりと目一杯利用した。水飲み場があったので水をガブガブ飲んだが、それは森の小鳥達用の水飲み場だという事も後で知って三人は大笑いした。

2時過ぎ、又交通公社に行くが、やはり私達の望むような安いホテルは見つからないと言う。何の為の交通公社だ！　一人で憤慨する。

ブツブツ言いながら、とりあえず荷物を預ってもらい（5時までに必ず取りに来て欲しいと言われる）エトワール、エッフェル塔、セーヌ河畔を見て歩く。交通公社に戻るがやはり安いホテルは見つからないと言う。見つける気が無いみたいだった。

荷物を持ってエスト（東）駅まで歩くつもりだ。コンコルド広場を通り、ルーブル美術館の横を通った時「ルーブルを見たい」と言うと、「大きな美術館で、短い時間で見るのは無理。日曜日は無料だから」と言われた。「私学生証持っているから入場料はそんなに高くないと思う」と言うと「私達は学生証を持っていない」と怒鳴られた。今回は素通りする。今度一人で来ようと思った。

カルーセルの凱旋門は小さくて可愛く好きだ。セーヌ川の中にあるシテ島に渡り、ノートルダム寺院を見に行く。白と黒とに彩られているように見え美しい。この寺院は『ノートルダムのせむし男』で有名なので、ぜひ行ってみたかった寺院だった。美しい！

午後8時というのに外は明るく、公園の椅子に座って字が書けるのだ。お腹が空いたので夕食という訳ではないが、チーズを食べる。

チーズをあまり食べない洋子さんも食べるので、余程空腹だったのかな〜と思った。

これから23時50分発ジュネーブ行きに乗りスイスに戻るつもりでいる。

スイスのユース・ホステルが取れなかったばかりにあちこちうろつき、又スイスに戻る旅は疲れる。でもユングフラウ・ヨッホを見られたらラッキーだ。又ユース・ホステルが取れない時はERパスに助けてもらい、オーストリアにでも行ってみれば良いと思う。

駅まで歩いて行き、駅の売店でクロワッサン2個を買う（1・2フラン約100円）。コーラを買ったがそこで飲まず、ビンごと持って来てしまった。

22時40分、発車まで未だ1時間も有るが、早く車内に乗り込みそこで夕食を取る。僅かな時間を随分無駄にする事が多いと思った。

今日歩いた道程はどのくらいになるか分からないが、随分歩いたものだ。

たった一日のパリであったが、かなりの物を見る事が出来たと思う。ルーブル美術館は一日がかりで見に来るつもりだし、モンマルトルの丘や、ブローニュの森、アンバリッド等も必ず見て歩こうと思った。

疲れた！　今夜は早く寝よう。コンパートメントのベッドはもう出来ているのだから……。

駅のホームで見送りに来た白人と黒人の男女が、長い長いキスをしている。フランスは黒人が割に多く、普通の人と変わらない様子で過ごしているようだ。だから日本人に対しても特別扱いは無いのかもしれない。アメリカもこうなる事を祈る。

列車が走り出した。この列車はスイスのインターラーケン迄行くので、とても嬉しい。明朝9時08分着の予定。

列車が揺れるので、日記の文字が歪んでしまう。書きにくくて大変！

今日パリのエトワールの絵葉書を買ったので、母の所に送るつもりだが、切手はスイスの切手になるでしょう。おやすみなさい、母さん！

1968年6月14日㈮　雨

目が覚めると雨。がっかり！

ユングフラウ・ヨッホへ行こうかどうしようか迷ってしまう。しかし又いつ来られるか分からないので、インターラーケンの駅に着いた時、思い切って切符を買う。64スイスフラン（約4900円）で〜す。

洋子さんと隆子さんは湖上遊覧をして待っていると言うので、一人で電車に乗る。インターラーケンの町がどんどん下になり、300mの滝が美しい山々をバックに目の下に落ちて行く。

途中二度ほど乗り換え、ユングフラウ・ヨッホに着く。アイガーのトンネルでは電車から降りて外を見るが、凄い吹雪で何も見えない。雪を掴んで口に入れて満足する事にした。

ヨッホではアイスパレスに入ってみる。氷で出来た宮殿。氷がキラキラと光り、まるで夢の中で見るおとぎ話の宮殿です。

日本交通公社の団体旅行者と出会い、何人かの人と話をする。

ポストカードを買ってからレストランに入り、ココアと小さなパンで昼食を済ます。3・6スイスフラン（約300円）。町に下りたら、大きなパンを買って食べようと思って我慢する。

母に出す絵葉書と、ヨッホで買った絵葉書は父にとレストランで書き、切手を貼ってポストに入れた。

ヨッホの頂上ではついに吹雪は収まらずじまいだった。

随分お金を使ってしまったのに、真に残念！これからは節約、節約。

このユングフラウ・ヨッホへは何が何でも来たかった。日本で片想いの彼が「素晴らしかった！」と言っていたからだ。来て良かった！

ワッセナールに戻ったら、日本に帰らなければならないかもしれない程お金を使ってしまったかな？　大丈夫、大丈夫！　何とかなるさ！

スペイン旅行は短めになるかもしれない？

スペインにもポルトガルにもゆっくりじっくり旅をしたいと思っているし、ドイツではライン下りもしたいし、ハイデルベルグも是非行き

ユングフラウ・ヨッホ

たい。イタリアのピサ、ベニス、オーストリアでは『サウンド・オブ・ミュージック』の舞台ザルツブルグ、ウイーン、まだまだ行きたいところが沢山有るのです。上手に計画して何とか予算を立て直してみましょう。忙しいぞ！　大変だぞ！　頑張れ、のぶこさん！

ヨッホから2時の電車で戻る事にする。長いトンネルを抜けると、思いがけない素晴らしい眺めに思わず私は「ワー！　すてき！　素敵！」と叫んでしまった。隣にいたオランダ人夫婦が私の顔を見て「ワー！　すてき！」と私に真似て叫んだ。すると2〜3席離れた所からも誰かが「わー！　すてき！」と叫んだ。アメリカ人の男性だった。

次々「ワー！　すてき！」の声があちこちから叫ばれだした。すご〜く嬉しかった。感動の心は誰にでも響くのだと思った。

ユングフラウ・ヨッホでの眺めの感動は出来なかったけれど、こんな素敵な事が有って大満足だった。

途中乗換駅で時間が有ったのでホットチョコレート（ココア）を頼む。４・３スイスフラン（約３５０円）取られた。町の倍だ。

カウベルの小さいのを一つ買う。４スイスフラン（約３００円）。

スイスでは予定以上のお金を使ってしまったが、満足している。

大感動はお金に代えられないものですもの！

インターラーケンに戻ると洋子と隆子の二人は、随分待ったらしく少し怒っているみたいだ。

しかし往復5時間、ヨッホにいたのはたった2時間ですよ！　だ。

あのトンネルを抜けた瞬間の素晴らしい風景に感動し、アイガー、スフィンクス、ユングフラウ、そして氷河、谷間に点在する家々の屋根、緑の樹々、高い所から落下する滝、色とりどりの花、花、花、山を歩いている人達に手を振って挨拶する時、スイスのコスチュームで大きな角笛を吹く老人。空は青いし日は爽やかに照る。

一人カメラを持ってシャッターを押すが上手く写っているかしらと心配。湖も美しかったな〜。


もう思い残す事も無いと、今日を一人喜んだ。


ベルンまで行き、食料を買う。明日は土曜日ですので多めに買う。

ベルンからチューリッヒ迄列車で行く。イタリアのミラノ行きしかないので、その夜行列車に乗り込む事にした。

その時、ホームで日本の男性と出会う。彼は今夜湖の近くで野宿との事。三年もヒッチハイクをやっているとも言っていた。偉いな〜と思う。40日くらいでホームシックで泣き出しそうな私は駄目な女だな〜と思ったが「今日のような素晴らしい日も有るさ！」と考え直して、コンパートメントでベッドを作った。

列車の中で遅い夕食をした後、日記を書き、そして寝た。

1968年6月15日(土)　雨のち晴れ

ミラノの駅で駅員に起こされてびっくりして降りると、直ぐ時刻表を見るがオーストリア行きは無い。

とりあえずベニスに向かう事にして直ぐ出る列車に乗り込む。前の席に座っている老人がじっとこちらを見っぱなしである。

ベニス駅着。駅の前が直ぐ大運河になっている。着くなりインスブルック行きの列車を探すが、一時間半ほど待てばあるようだった。

駅前の運河に繋がれているゴンドラや寺院の建物をバックに写真を撮る。絵葉書を何枚か買う。ついでにミルクとパンを買う。

ゴンドラは黒く塗られており、先の方が上に反り返っていて写真を撮るには丁度良い被写体だ。船頭は白と紺のストライプのシャツを着ている。しきりにゴンドラに乗らないかと言ってくる。是非乗ってみたいと思うが、列車の出発時間が来てしまった。改めて来る事にする。

ベニスを出発し、途中ベロナで乗り換える。雨が凄く降り出した。両側の山々はだんだん険しくなってきて、いよいよオーストリアに近付いた感じだ。

夕方インスブルック駅到着。すぐユース・ホステルに行くと二日間の予約が取れた。

二人の日本人男性と出会う。コペンハーゲンで会ったと言われたが、覚えが無いけど……？ その人の話ではコペンハーゲンの時は三人だったと言う。まさかと思ったがその三人連れの内の二人、岩佐さんと秋山さんだった。やっと思い出した。

コペンハーゲンで会った5人がここで又会うことが出来るとは思わなかった。夕食は5人で今迄の事を楽しく話しながら。

そんな時、ドイツ人女性とモロッコ人男性の一組が「今日は絵が売れなかった」と言って疲れた様子で帰って来た。お腹も空いているとの事なので、私のパンを半分だけ分けてあげると、二人はそれを更に半分にして食べた。ミルクも分けてあげる。

あまり遅くまで話していたので遂にシャワータイムに間に合わず、浴びる事が出来ない。これで四日もシャワーを浴びられないでいる。

このインスブルックは山が直ぐ目の前に迫っており、最高に素敵だ。

空気も澄んでいて、快適な夜を過ごした。シャワー以外は……。

私のベッドは二段ベッドの上段だった。早々にベッドに入る。

1968年6月16日㈰ 晴れときどき雨

ペアレントに起こされてしまった。

昨夜はベッドのきしむ音と周りの人のイビキで寝そびれてしまい、朝方やっと寝付いたので未だ眠い。

パンと苺ジャムと紅茶で朝食。やっと目が覚める。

部屋を替わりたいとペアレントの所に話に行く。英語で話せた。

隣の部屋に替わったが、やはり二段ベッドの上段になってしまった。今夜は何とか寝られると良いなと思いながら荷物を移す。

昨日の5人でユース・ホステルを出て、山に登る事にするが、私は少し彼女、彼らと離れていたい気がして途中で別れた。4人は頂上目指して登って行った。

山の中の木のベンチで、一人で色々考えるつもりでいた。

どうも洋子と隆子と二人の男性の4人になると、エチケットや言葉や考え方、価値観が違うので私には付いて行けないような気がするのだ。

樹々の香りや鳥の鳴き声、色とりどりの花々、山や川の自然はどの国へ行っても同じようで、外国か日本かと思う事も無くて淋しさにも少し慰められる。洋子、隆子とは別れて、一人で旅をしようかとも考えた。

インスブルックはもとより、このオーストリア地方の人々は老若男女連れ立って山へ登って来ます。途中で出会う人々は私を笑顔と心で迎えてくれます。本当にオーストリアの人々と自然は好きです。

ケーブルで登った私は終点のホテルの沢山ある所まで来て、後から来る４人を待つが一向に来る様子は無い。写真を撮ったりして暫く待つがやはり来ない。

一人の日本人女性が来たので話をしていると、雨が降り出した。その女性の泊まっているホテルに入って話を続ける。彼女はスペインのマドリッドへ自費留学で来ているが、今夏休みなのでスイス、オーストリアを旅行しているとの事だった。色々話しているうちに、良かったらスペインの家に寄るよ

チロルのホテル

うにと言うので、住所を書いて貰った。

雨も上がったので別れて外に出る。山が美しい。お土産屋で絵葉書を二枚と切手を買う。

四人は未だ来ない。一人で山を下りる。途中のベンチで絵葉書を書く。静かで優しい風に触れて幸せだ。

美しい公園で家族でピクニックに来ているオーストリア人女性が私に声を掛けた。日本語でだ！「日本人？」「そうです」と言うとサンドイッチを一つ下さった。喜んでいただく。乞食のように思われたく無いが、人の好意は素直に受ける事にする。美味しかった。

その方はオーストリア人と結婚し8年になる日本女性だという。髪の色を赤茶色に染めて、現地の人との差を少しでも解消しているとも言った。だから私もオーストリア人と思ったのだった。

未だ四人は戻らないし、山から下りてきた私とも会わなかった。

一人で駅まで行き、ザルツブルグへ行く列車の時刻を調べていると日本の男性に声を掛けられた。彼はユース・ホステルの予約が取れなかったのでもう一つの別のユース・ホステルに行ってみると言う。私も暇なので一緒に行く事にする。

さっきサンドイッチをいただいた公園の前を通り、川の傍のユース・ホステルに行くが、やはりいっぱいで断られてしまった。駅へ戻り列車の時刻を調べ彼はトレントへ行くと言う。私は彼の無事を祈って別れた。

ユース・ホステルに戻り私は四人の戻るのを待つ。6時過ぎたのに未だ戻らない。洗濯をしたり、シャワーを浴びたりして待つが8時になっても戻らない。外は暗くなりだした。待ち切れず夕食を取る。私はパンを持っているが、彼女達は何も食料を持っていない筈。

すっかり暗くなった9時頃二人の男性は帰ってきたが、洋子、隆子とは途中で別れたままだと言う。洋子達はどうしたのだろうか？　心配で何も手がつかない。9時45分未だ帰らない。心配しながらユースの外の通りまで出てみる。七〜八人のオーストリアの学生に出会ったので、日本女性二人連れを見なかったか聞いてみたが知らないと言う。

英語の分かる学生がユース・ホステルのペアレントに相談してくれる。

山の頂上のレストランに電話を掛けてみて欲しいと頼むと、「ゴンドラやリフトも止まったし、レストランにもう誰もいない」との事。

警察に頼むかと言っている時、やっと二人が戻って来た。10時をとうに過ぎていた。

私は嬉しくて学生やペアレントに何度もお礼を言ったのだが、遅く帰った二人は別に悪びれた様子も無く「何をそんなに大袈裟な」と言って私を睨んで怒っているみたいだった。

私は急に腹が立って来て、紅茶を入れてあげただけで黙ってベッドに入ってしまった。

洋子と隆子の二人は、一緒だった二人の男性と四人で別れた後の楽しかった事等を呑気に笑いながら話している。

話を止めて早く寝て欲しいと言うと、洋子が男のような言葉で「てめえの方がうるせえや！

早く寝ちまえ！」と怒鳴ったのには二度びっくり、どうしようもない気持ちで毛布を被って寝た。

隣のベッドのドイツ人女性も、声で察したようで私を慰めるように、背中をトントンと叩いてくれた。

人の気持ちも感じない人に、どうしてよいか分からず、口惜しいのと悲しいのとで寝られない夜を、一人毛布の中で唇をかんでいた。

1968年6月17日(月)　晴れ

目が覚めたのが7時。

洋子と隆子はもう起きて洗面を済ませたようだった。シーツを片付け、荷物を整理した後、私はユース・ホステルを出た。朝食のパンが無いので早めに出発することにしたのだ。洋子達は昨日の男性二人と四人で私の後をのんびりと付いて歩いてくる。

私は一人駅近くのパン屋に行き、パンとクロワッサンとバターを買う。彼女達の分もと思い少し多めに買っておく。私ってお目出度いな〜。

駅に行くとすぐ出る列車に乗り込む。すると既に洋子と隆子の二人は乗っていた。自分達だけの食料はしっかりと買っていた。

一寸淋しい気がしたが、私ももう彼女達の勝手さには慣れていたので、一緒のコンパートメントに入る。遅い朝食を車内で取る。

ザルツブルグ迄5時間ほど掛かるので時間がもったいないと思いつつ車窓の変化が美しく、楽しく充分満足した。山々は変化に富み、空は晴れて青いし花は咲き乱れ、チロル地方がこんなに美しいとは本当は思っていなかったのが恥ずかしい。

スイスとは一寸違う、やわらかな優しさと美しさは一体何なんだろう。

ザルツブルグに着いてユース・ホステル迄三人一緒に行く。心は二人と離れているのに、行動は一緒だ。彼女達は英語が出来ないので、困ることが有り、その事で私と行動を共にしているようだ。それなので日本人に出会うといっぺんに言葉が飛び出すのは仕方が無いのだ。

ユース・ホステルは6時迄オープンしないと言う。

荷物だけ置いて買い物に行き、3時過ぎ山の中腹で遅い昼食を取る。

もう食事は各々に分かれてしまった。オイルサーディンの缶詰も一人では多いが、無理に食べてしまった。二人に分けない私って変？

一人駅の案内所でトラップ家にはどう行くのかを聞くと「あの家はアメリカの映画では他所の家を借りて撮影したので、本当はとても小さな家です。映画のように素敵では無い」とにべも無く言う。そして「カテドナル教会やザルツブルグ城に行ってみなさい」とも言う。

私は「その通りにします」と言って歩き出した。途中二人がベンチで休んでいるのに出会う。そして「銀行にお金をチェンジしに行くので、一緒に行ってほしい」と頼まれるが、「荷物を見ていてあげるから自分達で行きなさい」と突き放した。二人は銀行に行った。

その後、二人は何となく私と一緒に行動し出した。

ユース・ホステルに戻り、彼女達が荷物を預けると三人して教会やホーエン・ザルツブルク城を見に行く。写真を何枚か撮り歩いていると一人の老婦人が「日本人？」と聞いて来た。

「そうです」と答えると、ニュームで出来たメタルのような物を沢山下さった。老婦人の言葉がよく分からないが、時々「ヤーパンのセンポ」という言葉を懸命にそれも何度も言い、キャラメルや苺ジャムを瓶ごと渡してくれた。

「ヤーパンのセンポ？　って何だろうね」三人とも首を傾げた。

写真を撮り住所を書いてもらい、丁寧にお礼を言って別れる。

楽しい気持ちでいっぱい、出来れば又オーストリアに来たいと思う。

ユース・ホステルに戻ると夕食をした後一人で駅まで行き、ケルン行きの列車を待つが分からないので駅員に聞くと、私が乗るつもりの列車はスペシャル列車なのでERパスでは乗れないと言う。

がっかりしてユース・ホステルに戻るつもりでいると「5分待っていなさい」と言って駅員がオフィスに行き、直ぐ戻って来てそのスペシャル列車に乗せてくれた。私は特別料金を払えないと言うと「OK、大丈夫」と言う。涙が先になってお礼が満足に言えなかった。

シートに掛けて走る列車の中で、心の中で感謝する。

車掌が来て「チケットを」と言うが、ERパスを見せるとケルンまで特別料金80シリング(約1120円)と言う。

オーストリアのお金は持っていないし、さっきの駅員は「話してあるからOKと言った」と言うと、「そんな事は聞いていない」と言う。「ドイツマルク（12マルク・約1080円）でも良い」と言う。日本円とアメリカドルしかないと言った途端、どうしたのか涙がポロポロこぼれて来てしまった。車掌は私のERパスを持って出て行ったが、暫くして戻ってくると「分かったので、このシートで寝なさい」と言った。

ユース・ホステルに戻れば泊まれたのに、無理してこの列車に乗ったことを後悔する。「OK」と言ったので乗ったのに……。シュン！

こんな時、不意にホームシックが頭をもたげて来るのだ。

でも、ケルン迄は行くつもり。

1968年6月18日㈫　晴れ

ケルンに着いた時、車掌が起こしに来てくれた。

駅に降りると昨夜の車掌やケルンの駅員がホームに待っていて、私に「このおじさんと一緒に行きなさい」と言って荷物を運んでくれる。

この駅は特別駅で一般乗客は乗り降りしないのだという。

それで私を普通のケルン駅迄送ってくれるようにおじさんに話を付けてくれたようだった。大いに感謝し、列車が出発するのに手を振って別れた。

私はおじさんと一緒にホームを下り、トラックでケルンの中央駅迄連れて行って貰った。ハグして別れる。

ライン下りの船の時間に間に合わないので、マインツ行きに乗ることにした。そこからフランクフルトに行き、そこで乗り換えハイデルベルグ迄行く。

ハイデルベルグではキムさんと会うつもりになり、インフォメーションでバスの番号を聞く。途中一度乗り換え、何人かの人に聞いたりしながらやっとキムさんの下宿先にたどり着いた。

正面の門が閉まっていて困っていると、隣の人が出て来て裏口から下宿のおばさんを呼んでくれた。下宿のおばさんはドイツ語しか分からないが、とにかくキムさんの友達とは分かってくれたようだった。

「キムさんは大学に行っていて留守」という意味を手振り身振りで私に伝えてくれ、キムさんの部屋に連れて行ってくれた。何をどう聞いても分からないので「又来ます」と言って帰ろうとしたら、しきりに引き止める。「夜になればキムさんは帰る」とやはり手振り身振りで伝えてくれる。とにかく椅子に座れといって、シェリー酒を持って来て飲めと身振りで言う。

次に洗面所に行き、手や顔を洗えと身振りで教えてくれる。酷い顔をしていたのかもしれない。顔を洗い軽く化粧すると、おばさんは手を叩いて満足そうに笑ってくれ、さくらんぼとクッキーを出してくれた。

そこへ少し英語が分かると言うご主人が帰って来た。

キムさんの事を聞くと、授業で何かの実験中で直ぐ戻れない。戻る時間も分からないと言う。私が「シュッツットガルトへも行かなくてはならないので、帰ります」と言うと「今からだと遅すぎる。今晩はここに泊まりなさい」と言ってくれる。時間も時間なのでお言葉に甘える事にする。

暫くするとキムさんが来たというので玄関に出てみると、キムさんのお兄さん夫妻との事。日本語が分かるので助かる。訳を話してこれから遅くなってもシュッツットガルトに行くか、どこかホテルを探すと言ったら、下宿のおばさんがここに泊まれというので、「泊めていただくつもり」と言うと、キムさん夫妻は「それが良い」と言ってくれ、お米を炊いて、ご馳走してくれた。久し振りにお箸での食事だった。

キムさんの兄夫妻が帰ると、下宿のおばさんはさくらんぼを山盛り出してくれる。庭の木になるのだと言って、シェリー酒も作るし、ワインも作ると地下室のワイン蔵迄見せてくれた。

食後はご主人とおばさんと私、三人仲良くワインを飲みＴＶを見る。

しかし、ご主人と思っていた男性は実はおばさんの古い友人だと言う。改めてびっくりすると共に、私の勘違いに三人で大笑いをする。

おじさんの年齢は65歳との事。「来年日本に行くから、住所を教えて欲しい」と言うので、私の日本の家の住所を書いて渡した。

おじさんが帰った後おばさんが額に入った写真を私に見せながら、「私の息子、戦争で死んだ」と涙ぐむ。私は日本式に手を合わせた。

日記を書きながら、とうとう今日は船迫さんの所に行かれなかったけれど、明日は必ず行かなくてはならないと思った。とにかく朝一番で行こう。とうとうおばさんの所で寝かせてもらった。

1968年6月19日㈬　晴れ

目が覚めるとすぐおばさんが呼びに来た。

応接間に行くと、キムさんが椅子に腰掛けている。私は嬉しくて「お早う御座います」と笑顔で挨拶をしたが、キムさんはいきなり、「来る事の手紙を書きましたか？　連絡はしましたか？　何の連絡もなしでいきなり来られては困ります。おばさんからは何度も大学に電話が入るし、先生には怒られました」とニコリともしない。

一瞬私は青くなりましたが、昨日の話を細かく説明してから何度も謝りました。日本語で話せて良かったと思った。そうでなければ大変だったと思う。「シュツットガルトに行く約束を破らされて無理に泊まらせられた」と言うとキムさんの言葉が少し柔らいだ。

「もし、貴方やおばさんに大変迷惑を掛けたのであれば、何としてもその償いをします。ハイデルベルグに来たついでに、キムさんのお顔を見てと一寸寄っただけだったのがこんな事になってしまったので、私としては心外です」とも言った。「ホテルに行くと言ったら、高いからここに泊めてもらいなさいと勧めてくれたのは、あなたのお兄さん夫妻です。ご好意に甘えたのです。お金が無いのは、時間外で駅でも銀行でもチェンジ・マネー出来なかったので、ドイツマネーは持っていないと言っただけです。お金を借りに来たと思われたのは、本当に心外です」私は語気荒く言った。キムさんはびっくりした様子だった。

台所に行っておばさんの顔を見た途端、涙がポロポロこぼれ、止まらなくなった。

おばさんは事情がつかめず、ひたすら私の背中を撫でてくれる。ますます涙が止まらなくなり、おばさんに抱き付いて声を上げて泣いてしまった。

キムさんは朝食を済ますと大学に戻って行った。

私はおばさんに丁寧にお礼をし、駅迄バスで行くつもりでいたら、キムさんのお兄さんが車で駅迄送ってくれるといって来てくれた。

駅ではハイルブロン行き迄時間が有ったので、待合室でスペイン行きの計画を立ててみるが、日数や費用を考えると、どうしても行きたい所だけを考えたが点と線だけの旅になってしまいそうでつまらない。

ハイルブロン行きの列車に乗ると、前の席のドイツ婦人がサンドイッチとチョコレートを下さった。ドイツ語が分からない私に「ハイルブロンに着いたら2番のバスに乗りなさい」、と言うと5マルクを手に握らせ、次の駅でさっさと降りてしまった。断る間もない出来事だった。

ハイルブロンからバスに乗ると、途中でバスを乗り換えさせられた。やっと見覚えのある家に来た。ベルを押すといつかの奥さんが笑顔で出迎えてくれる。私はドイツ語が分からないし、奥さんは英語が分からない。お互いジェスチャーで挨拶をする。

私の預けた荷物の置いてある所に連れて行ってくれる。船迫さんの手紙と一緒に母のと石綿さんの手紙が届いていた。立ったまま母の手紙の封を切る。何も読まない内に涙が流れて暫く読む事が出来ない。内容は母らしく、身体に注意してと何度も繰り返し書いてある。「大丈夫だよ！　元気に日本へ帰りますから……」心の中で言う。

石綿さんからのは簡単な内容とサザエさんのマンガの切り抜きが入っていた。これまた嬉しい便りで、泣き笑いである。

やっと椅子に座ってもう一度読み返す。

小さな子供がやってきたので、持っていたオレンジをあげると「ダンケ・シェーン」と喜んで母親の所に見せに行った。

船迫さんはアルバイト中で戻れないので、私はお礼の手紙を書いて帰ろうとした時、奥さんが「船迫さんは夕方5時過ぎに戻るから、もう少し待ちなさい」と言ってバナナジュースを作ってくれ、自分は子供を連れて買い物に行ってしまった。待っている間、石綿さん宛てに絵葉書を書く。後で切手を買って出すつもり。

又荷物を整理し、船迫さんに借りたトランクを綺麗に拭いて空にして返す事にした。

夕方5時半、船迫さんが帰って来た。色々話すつもりだったが、仕事が辛く疲れたのだろうかぐったりした様子なので、早々とお礼を言っただけで、駅に戻って来てしまった。

列車の時刻表を見ると鈍行のハイデルベルグ行きが直ぐある。

ハイルブロンよりハイデルベルグの方が待合室も有るし、この前のように列車が遅れる事もあると思ってその列車に乗る。やはり予定時間に発車しない。ハイデルベルグに着いても乗り換える列車には4~5時間あるので、かえって都合が良いと考えた。一人車窓を眺めながら鼻歌を歌っていると車掌がやって来て話し掛ける。今は一人で静かに歌っていたいのにと思ったが、適当に相手になってあげる。ドイツ語が分からない私！　車掌は話が噛み合わないと思ったのか、直ぐ帰って行った。

ハイデルベルグに着き、待合室に入ると40~50くらいの男性がドイツ語で話し掛けてくる。お酒臭い。返事をもしないで日記を書いていると、ボールペンを貸せと言う。いやいやながら渡すと、自分のノートを出し一枚破きハートを書き矢を刺した。

私は「分からない」と首を横に振り、リンゴなら先は尖っていないとばかりに赤のボールペンで絵を直し返してやった。

しかしその男性はしきりに私の腕を引っ張って何か言うが、振り払って後は知らん顔をした。これから0時56分発の列車が来るまで待たなければならないと思うとウンザリだ！

隅の方に腰掛けていた男性がやって来て、しつっこく何か言う男を待合室から外へ追い出してくれた。

私は小さな声で「ダンケ・シェーン」とその男性にお礼を言った。

何だか人々がホームに集まって来た。列車が入って来る。白い帽子を被った若い男性がぞろぞろ降りて来ると、人々はワッと駆け寄り、歓声を上げたりハグしたり大騒ぎ。フラッシュも焚かれた。気が付くと腕に腕章を付けた新聞社の記者が何人も見受けられた。人々の口から「ヴェッケンバウアー」の声が上がる。背の高いスマートな男性を見た途端「アッ！　ベッケンバウアーだ」と思った。

握手だけでもして貰いたいと思ったが人、人、人で近づけない。サッカーの試合に勝ったみたいだ。

大勢の人達は勝鬨の歌を歌いながら駅を出て行く。何だか判らない内に私もその中に巻き込まれ、街の中に連れて行かれた。

腕を組まれ歌を歌って連れられて来たのは一軒のビアホール。飲めや歌えの大騒ぎ。そして遂に皆は椅子や床に転がり、寝てしまった。

ビールを飲まない、いや飲めない私はテーブルに出ているソーセージやチーズをかなり食べた。料金は誰が払うの？

起きている人は私以外誰もいない……。

駅まで戻るとホームには私のトランクがポツンと残されていた。

０時56分、ケルン行きの夜行列車に乗った。

1968年6月20日㈭　晴れ

ハイデルベルグで乗り換え、ケルンで乗り換え、アムステルダムで乗り換え、ハーグに着いた。

大きなトランクの荷物を駅に預け、インフォメーションで日本、ソ連、チェコ、ポーランドの大使館の場所を聞く。

先ず日本大使館に行く。パレスの近くで白い美しい建物である。そこでパスポートにポルトガル、チェコ、ポーランド、ソ連の四カ国を追加記入してもらう。女性の係官が親切に色々調べて、情報を伝えてくれる。先ず、ソ連の大使館へ行き、ビザが下りてからチェコとポーランドの大使館に行くよう言われる。6ギルダー（約540円）支払う。

ソ連大使館は近くなので急いで行ってみるが、丁度昼休み（12〜15時迄）との事で門は閉まっていて入れない。チェコやポーランド大使館へは行かれない。仕方ないので明日にでも行く事にする。

ハーグからバスでワッセナールのダネス氏の家に戻ると、洋子さん隆子さんが先に帰っていて笑顔で迎えてくれた。少しは悪いと思ったのかもしれない。

3時過ぎだと言うのにダネス氏は未だ休んでいると言う。私のいない間に又あの発作が一度起きたとの事だった。

ダネス氏の寝室をそっと覗くと、ダネス氏はベッドの上で起きていた。私が戻ったのを喜んでくれた。「起きて大丈夫?」と言うとダネス氏は少しはにかんだように黙ったまま頷いた。

早速洗濯、シャワー、荷物の整理、そして食べて飲んだ。自分の家に戻ったようにいつものように振舞ってしまった。

夕方のTVニュースで「ソ連がチェコに侵入か！」の特別番組が有った。ダネス氏は黙って見ていたが、暫くして「ノブコ、戦争はいけない」とポツンと言った。

この家があるので、我々三人は助かっている。話は色々有ったが、昨夜私は待合室で仮眠なので疲れていたし眠かったせいもあって早々に床に入った。

洋子と隆子の二人はダネス氏とシティーホールに出掛けていったようだった。夜のシティーホール公園は素敵だろうと思った。

1968年6月21日㈮　晴れ

早朝一人でハーグのソ連大使館に行く。10時25分。何人かの人がもう来ていて、用件を係員に伝えている。

私の番になったので「ビザが欲しい」と英語で言うと、用紙をくれたがロシア語の為「分からない」と言うと次の部屋で待つように言われた。

待っている時、日本航空の人が4人の日本人を連れてビザを貰いに来ていた。分からない事を聞いてみると、ハーグの旅行代理店に日本女性の多田さんという人がいるから、そこでしてもらったら良いと教えてくれた。ソ連の場合は具体的な旅行の用意が出来ていなければ、ビザは下りないとの事。先ず、教えられた旅行代理店に行く事にしよう。

係官から次の部屋に呼ばれたので、係官にもう一度「ビザが欲しい」と言うとバウチャーを見せるように言われる。バウチャーは持っていないと言うと「ではビザは上げられない」と簡単に断られてしまった。分かっていたので大してがっかりもせず、帰って来た。

近くのカメラ屋で、言われた旅行代理店を聞くと直ぐ近くに有ると言うので行ってみる。

多田さんは外出中で不在だった。午後2時に電話を欲しいと頼んで急いでワッセナールに戻る。

頼まれていた、パリ行きの列車時刻を調べるのを忘れ、洋子達に怒られた。スペインに行く計画が出来ないと言われた。

もう皆は昼食が終わり、後片づけをしているところだったので、一人でお昼をボソボソと取る。午後2時過ぎ、多田さんから電話があった。

ソ連と社会主義国家との問題が険悪になりだした。第三次世界大戦が始まったらと思い、早めに日本に戻ろうと思っていたので、すぐ帰りの用意だけはしておきたかった。洋子も隆子も「大丈夫よ！」と言うが、チェコやポーランド回りの列車でソ連を通り戻るつもりの私は早めに準備したかった。多田さんにはその旨話してビザの件を頼む。

これからパリを回り、スペイン、ポルトガル等に行き、1〜2週間後ビザを取りに行きたい旨伝えた。多田さんは了解してくれた。

午後ダネス氏の若い友人ニコラスさんが遊びに来た。爽やかな人で、一緒に買い物に行き、スパゲッティの材料を買う。夕食は勿論スパゲッティーナポリタン。ニコラスさんはナポリタン（トマトソース味）が大好きだと言って、一人で二人前をぺろりと食べた。

食後、私の好きなシティーホールに四人で行く。

ダネス氏は一人家に残る。未だ身体の調子は充分ではないようだ。

池の畔で何枚か写真を撮る。シティーホールは静かな所で私の一番のお気に入りの場所だ。

家に戻ると、ダネス氏がナイトクラブに皆を連れて行ってくれた。身体は大丈夫なのかしら？　無理をしてるのでは……と思った。

私達三人は喜んでドレスアップして、ニコラスさんの車で出掛けた。

クラブの中では沢山の人々が楽しんでいる。鍋が天井からぶら下がっている。ビニールの蛇も天井に飾ってある。レコードに合わせてダンスをする人もいる。私もダネス氏に誘われてダンスを踊った。ゆっくりゆっくり踊る。「ノブコ結婚する？」いきなりダネス氏が言った。固まってしまった私。「イエス」とも「ノウ」とも言えず固まったままの私にダネス氏は「ソーリー、ソーリー」とおでこにキスをすると背中を擦ってくれた。

2時間ほど飲んだり遊んだり、お喋りしたりしてから帰った。

寝る前に苺を出した。苺に砂糖とミルクを掛け、潰しながら食べているとダネス氏は「私のママもそうして食べるのが好きだった」と同じようにして食べていたが、何だか涙ぐんでいる様子がチラッと見えた。洋子も隆子も何となく感じていたらしい。ダネス氏はアメリカにいる母親に会いたいのだと私は思った。

ただ、さっきナイトクラブで「結婚する？」と言われた事は黙っていた。何で驚いたのか自分でもよく判らなかった。

ナイトクラブで飲んだワインが効いてきたのか、直ぐ寝てしまった。

1968年6月22日(土)　雨

起きると直ぐスペイン行きの荷物を作り、町へ買い物に行く。

パンとバター、缶詰、チーズで400円程。パリを通過する間はこれで充分だ。

昼食はハムエッグとパンと味噌汁で済ます。ダネス氏も味噌汁を付き合ってくれる。あんまり美味しそうでは無かったみたいだ。

手紙を書いているとニコラス氏がやって来て、勝手にコーラを冷蔵庫から出して飲んでいる。可笑しな友人同士だ。

3時過ぎニコラス氏の車でハーグ駅迄送って貰う。淋しそうなダネス氏を残して私達はアムステルダム迄行き、そこからケルン迄行き、ケルンでパリ行きに乗り換えるのである。

ケルンではパリ行きの列車まで2時間程時間が有るので、洋子と二人で町の中を歩き回る。ケルン聖堂に行く。時雨雨で薄暗い空に黒いシルエットがくっきりと浮かび、流石に静かで厳かな雰囲気があった。

ケルン駅で3人のドイツ男性が話し掛けてきた。コーヒーを飲もうと言うので二人でご馳走になる。

パリ行きの列車の時間が近いので隆子に預けた荷物を持ってホームに上った。ホームでスペイン人のおばさんが話し掛けてくる。話は半分しか分からない。私はイタリア語で、おばさんはスペイン語で話す。

何となく似ている言葉なので、二度程聞き直すと何となく分かってきた。「スペインの海岸線の街では食べ物は美味しいが、マドリッドは不味い。その上値段が高い」と顔をしかめながら言う。面白い人で、一人で色々勝手に話し、勝手に大笑いする。我々三人も訳は分からないが付き合いで一緒に笑った。

列車が入って来る。ファーストクラスのコンパートメントに入るが、この列車のシートは短くて寝るのに苦労する。足が伸ばせないのだ。

明日はきっと身体が痛い事でしょう！

1968年6月23日(日)　雨

朝6時40分、パリ北駅に到着。パリ市内の地図を忘れてきたので早速駅のインフォメーションに行くが、朝早く未だ開いていない。

待合室で待つが、待ちきれずスペイン行きの列車の出るオステルリッチ駅迄行くことにする。

私がメトロの地図を見に行くと、一人のフランス人男性がコーヒーを飲みに行こうとしきり

エッフェル塔

エトワール

に誘ってくる。何度も断るが、しつっこく誘い付きまとう。とうとう我慢できず大声で「イ・ヤ・デ・ス」と怒鳴った。そして急いで洋子や隆子の所に戻った。

今日は日曜日、ルーブル美術館は無料の日なので念願叶って入場出来る心算でいた。入口の所で係員と観光客がもめている。沢山の観光客が見守っている。

「どうしたの？」傍の人に聞いてみた。

係員が「日曜日は普段働いていたり学校に行っていたりして美術館に来られないフランス人の為にゆっくり見る事が出来るように設けた特別無料の日」と言っているとの事。隆子も洋子もブーブー言うけれど、私は成程なあ〜と思った。しゃれた素敵な制度だと思った。

オステルリッチ駅に行く。何だか淋しい駅で、出る列車も少ないようだ。売店も未だ開いていなかった。生憎の雨の為、待合室で朝食をし、日記も書く。昨夜の列車でも案の定、車掌の「パスポート、プリーズ」でゆっくり寝られず、今頃眠くなってきてしまった。

日本の女性に出会う。昨日スペインから帰って来たとの事なので色々聞いてみる。スペインではユース・ホステルよりペンションの方が安くて便利だと言う。食べ物も珍しい物が色々有るとの事で、これからの旅は楽しくなりそうだ。彼女は注意として「政治の批判については悪口を言わない事」と釘を刺してくれた。逮捕されるとの事だ。

ポルトガルのリスボン行きの列車は午後2時出発なので、それまでここで待っているのかと思うと一寸もったいない気がした。ルーブル美術館、見に行きたかったなあ〜、又機を逸したなあ～……とも思った。

2時05分発リスボン行きの列車が12時にはホームに入っている。早めに乗り込むがリザーブされていないコンパートメントに座っていると、ポルトガルの男性が入って来てワインをご馳走してくれる。私は口を付ける程度だったが、洋子と隆子はがぶ飲みする。

列車が走り出す少し前に、マラガに帰る女子大生が入って来た。今晩は寝られないかと思っていたが、フランスを出る国境のところでスペインの列車に乗り換えたので、コンパートメントには我々三人だけになり割に楽に横になる事が出来た。フランスとスペインの国境では厳しく荷物を調べられると聞いていたが、難なくスッとそのまま我々は通り過ぎてしまった。

尚、係員にポルトガルに行きたいが、ビザを持っていないが大丈夫かと聞くが、「お金を出せば、手続きを代行してやる」と言う。何しろ英語が通じないので、お互いの言い分が分からないのはもどかしい。途中の訳の分からない所で降ろされるより、一応マドリッド迄行く事にする。

朝方、もの凄い寒さで何度も起きてしまう。多分ピレネー山脈を通過しているのだろうと思った。暖房が点かないのも辛い。

フランスの水は飲めないと言われたが、途中止まった駅（?）で飲んだ水は美味しかった。ガブガブ飲んだが、何の変化も無かった。見かねたのか、スペインの男性が洋子さんにウイスキーを持って来てくれた。やっぱり寒いのは辛い。

1968年6月24日(月)　晴れ

朝6時、寒さで目が覚めるがそのまま7時まで眠る。

窓の外の風景は岩だらけの丘、変な格好の松林、草原に突然建っている寺院、これがスペインの風景なのかと感じた。

スイス等から考えると、周りの様子があまりにも乾いた感じなので一寸びっくりしてしまう。ピレネー山脈を越えたんだ、『誰が為に鐘は鳴る』の映画のシーンを思い出す。岩だらけの丘や山だったとひたすら感じた。

急いで朝食をとるが終わらないうちに、マドリッドに着いてしまった。駅でチェンジ・マネーし、インフォメーションでペンションを紹介して貰う。三人で一泊朝食付きで200ペセタ（約1200円・一人400円）だ。タクシーに乗って行き（80ペセタ）チップ10ペセタ渡す。

洗濯をして早めに昼食をし、洋子さんと二人で地図を頼りに街中へ出掛ける。コロン広場に出る。コロンブスの像が有る。だんだん暑くなってきたが広い通りを歩いてプラド美術館に行く（20ペセタ）。

洋子さんは外で待つと言う。私一人で見て歩く。ゴヤ、グレコ、ルーベンス、ベラスケス、レンブラント、ピカソ等の絵を時間を忘れる程感動しながら見て回った。もっとゆっくり見たかったが洋子さんをあまり待たせると又怒ると思い、心を残しながら美術館を出た。

二人で駅の列車の時刻表を調べに行く。次に別の駅に、ポルトガル行きの列車の時刻を調べに行くが、ERパスが使えないとの事だそうで調べずに戻る事にした。

街を歩いていると何人かの男性が声を掛ける。ひまわりの種のような物をくれ、殻を剝いて食べるのだとジェスチャーで教えてくれる。

種を食べながらペンションに戻る。隆子さんが一人窓の外を見ていた。

途中で買った絵葉書を母宛てに書くと共に、会社の同僚にも書く。

午後7時、未だ外は明るいが三人揃ってイスパニア広場へ行く。

日中静かだった街が、どこから現れたのかと思う程大勢の人々が急に街中に溢れ出した。歩くのに人まみれで苦労するくらいだ。銀座を思い出し、何だか嬉しいのと共に日本に帰りたくなってしまった。

イスパニア広場でドン・キ・ホーテとパンチョスの銅像をバックに写真を撮る。

「スペインに来たら、パエリアだ！」と三人ともその料理を食べるつもりでいたが、人に聞いたら、観光客相手に出すので一人前６００ペセタだと言うので、シュン！　として止めてしまった。

ペンション近くの立ち食い屋でピンチートとサラダとコーラ、洋子達はビールで夕食を済ます。一人前で60ペセタ（約60円）、おいしかったし、皆かなり満腹になった。

ペンションに戻ると、オーナーが明日の朝食の時間と、紅茶かコーヒーかを聞きに来てくれる。時間は9時にし、三人ともミルクコーヒーと頼んだ。

明日はトレドに行く事にしていた。今日のように天気だと良いのだが、暑いのには参った。

今日は朝寒く、昼は暑く、それと少し歩き過ぎたようで疲れた。

10時半ベッドに入る。

1968年6月25日(火) 晴れ

朝8時半起床。直ぐ洗面をし二人を起こしに行く。

ペンションのオーナーが9時に朝食を持って来てくれる。パン二個、ミルクコーヒーだけの朝食だった。

10時半にはペンションを出て、駅迄歩いて行き、12時発トレド行きの列車に乗る。13時37分トレド駅到着。駅へ荷物を預けた後、街まで歩いて行く。もうかなり暑い。

中世の城、サン・セルバンド城を見に行く。昼休み中は中に入れない。ベンチで食事をしていると、女の子がいたので話し掛けてみるが通じない。水を飲もうとビンの口を開けると「その水はもう駄目。新しい水をあげるから付いていらっしゃい」と手まねで言った。ビンを持って付いて行くと、城の隣の家に入り冷蔵庫から水とサイダーのような物をビンに入れてくれた。お金を出したら「いらない」というように手を振った。感謝して有難くいただく事にした。

サン・セルバンド城は高台に有り、トレドの入口の門がよく見えた。高台から下り、目の前の橋を渡ってトレドの街中に入る。橋を渡って階段を上り賑やかな土産物屋の前をず〜っと通り、エル・グレコの家に行く。１５０ペセタで絵や家の中が見られた。

帰りは土産物屋が日本語で話し掛けるので1～2軒入ってみるが、トレド駅で換金出来なかったので、手持ちのお金では足りず欲しい物は有ったのだが何も買わずに店を出て来てしまった。御免なさい。

トレド駅18時50分発マドリッド行きに乗る。スペインの列車は時間がルーズだと言われていたが、イタリアよりは正確なのだ。駅も綺麗だし、張られたタイルも美しくとにかく家の中は涼しい。

日中は気が狂いそうに暑いのに、木陰や家の中は嘘のように涼しいのだから不思議だ。

トレドの街は本当にスペインへ来たと感じさせる。城、街の家々、スペインだ！　スペインだ！

20時30分、マドリッド到着。今夜の21時55分発でマラガに行く事になっている。

夕食は隆子さんと二人で立ち食いスタンドで魚肉の

サン・セルバンド城

揚物とサラダで済ます（230ペセタ、約200円）。

洋子さんは一人駅のベンチに残ってタバコを吸っていると言う。何にも食べず大丈夫なのかしら？

駅に戻ると列車はホームに入っているので、すぐ予約しておいたファースト・コンパートメントに入る。既にスペイン女性が一人入っていて、寝るのに少し窮屈だが仕方がない。持っていたバターがすっかり溶けてグチャグチャになっていた。もったいないが捨ててしまった。

何となく洋子さんが不機嫌な様子。お腹空いているのかしら？

1968年6月26日㈬　晴れ

夜半に寒くて目が覚めた。急いでコートを掛けて寝直す。

朝8時半マラガ到着。駅にペンションの案内人が立っていたので、一人、一泊150ペセタで二泊の予約を取った。YHより安い。大丈夫？

早速食料を買いに行った。地中海に面したマラガは避暑地であるのか、パン、サラミ、ジャムを買ったがマドリッドより物価が高い。

贅沢にも白い馬の馬車に乗って（50ペセタ）ペンション迄行く。

馬車は大きな門を通り、立派な館に到着。エッ！　ここで良いの？

一泊150ペセタだよ！　恐る恐る馬車から降りた。白いお馬の馬車は噴水をぐるりと回って帰って行った。大きい木のドアが開いて、白い髭の男性が出て来ると黙ったまま手で「中にお入り下さい」と案内をした。

映画でよく見る「執事さん」みたいだ。いや「執事さん」だ。

もう一度考える。本当に間違いない？　一泊150ペセタのペンション？　洋子と隆子も目を見開いている。

案内されるまま館の中に入る。

古い館だがなかなか立派な館。広いダイニングルームに通されそこでパスポートを確認され料金を恐る恐る支払った。

執事さんは綺麗な英語で「夕食は7時です。この隣の食堂です」その後執事さんは二階の二つの部屋を使うように指示をし、静かに階段を下りて行った。

ベッドが二つ有る部屋と天蓋の有る王様ベッドの有る部屋。

私は洋子と隆子の二人がベッド二つの方を使うと思い、私が天蓋ベッドの部屋にと内心喜んだ。それなのに洋子が天蓋ベッドの部屋に荷物を持って入り、何も言わず重いドアを閉めた。

隆子と私は二つベッドの部屋に入るより仕方が無かった。それでも立派な部屋です。

二人のギクシャクについて理由を私は聞かなかった。疲れだろう。

明日からの旅の予定を一応考えておこうと思う。それと同時にこれを機会に二人と別れて一人になろうかと考えた。

スペインは行きたいところ、見たいところが沢山有る。二人と一緒だと行けないかも……ラ・マンチャにも行きたいなあ～。

昼食後、泳ぎに行く。エーゲ海で、それも高級避暑地マラガで泳げるなんてとても嬉しい、憧れだった。マラガはマドリッドより涼しい。

海には砂浜が無く、岩からいきなり泳ぎ出さなければならない。水はとても綺麗で底の岩が見通せるのだ。地中海のエーゲ海で泳ぐこと、は念願が叶った。でも海は直ぐ深くなるので、泳ぎの下手な私は岩場で遊ぶ。洋子と隆子はずっと沖まで泳いで行く。喧嘩の理由は何だ！

男の子が話し掛けて来る。言葉が通じないので手真似で話す。

泳いだり、甲羅干ししたり三時間ほど遊んでからペンションに戻ろうとすると男の子が付いて来る。建物に隠れたりしても路地は彼等の方が詳しい。どうしようも出来ない。男の子と夜7時駅で会う約束を無理矢理させられてしまった。

マラガはやはり避暑地として有名なので、ホテルも美しいし海岸通りは色とりどりのマーブルモザイクで本当に見事だ。椰子の並木も素敵だ。裸足で歩いてみた。足の裏が冷やりと冷たく、地中海の避暑地感、充分満足させてくれた。

ホテルや野菜などは高いが、海老や魚は新鮮で安い

地中海（エーゲ海）で泳ぐ

と聞いていたのだがそれ程でも無いと思った。

シャワーを浴び7時に食堂に行く。私達はワンピースを着た。

大きくて長いテーブルにハム、チーズ、パン、ピクルス類、バターなどが並べられていた。

テーブルセッテングも見事だ。

一泊150ペセタだよ！　本当に！　本当に！　大丈夫？

飲物は赤ワインと水のみだが、飲物は別料金なんて後から言わないでね。

テーブルに座ったメンバーは私達三人、アメリカ人カップル、ドイツ人男性二人組、フランス人学生一人の八人。

コンソメスープが運ばれた。女性のお運びさん、若い男性がワインの栓を抜き一人一人に注いで回る。執事さんが車椅子に乗った黒いドレスの老婦人の車を押しながら入り、テーブルに着いた。

スープを飲み、皆それぞれ料理を食べ、ワインを飲んだ。

アメリカ人カップルがひそひそ声で話し、頷いている。それでも食事は静かに始まり、静かに終わった。

別室でコーヒータイム。雰囲気が和らぐ。

アメリカ人女性が英語で老婦人にゆっくり話し掛けた。

「こんな素晴らしい歴史ある館で何故ペンションを？」と聞いた。

執事が老婦人にスペイン語で通訳する。老婦人「モグモグモグ」。

執事が英語で返事をする。「お金が欲しいのでは無く、旅する人の色々な話が聞きたい。特に若い人の話が聞きたい」との事。

私が「ジャポン」と千代紙で折った鶴を差し上げると「オー、オー」と目を輝かせ大喜びする。

執事の通訳を介しての話はもどかしさは有るが、老婦人が自分の部屋に戻って行くまで、楽しく過ごした。

男の子との約束は果たせなかった。ごめんなさい！

今日は日記に書く事多いぞ！　日焼けした肩がヒリヒリする。

1968年6月27日㈭　晴れ

夜中に目が覚めた。喉が渇いたせいだ。ガブガブ水を飲む。ペンションの外が人々の声でうるさい。花火が上がっていた。ベッドに入ってももう眠れなくなってしまった。

色々考えていると日本に帰る事ばかり考えてしまう。帰ったら一番に何を食べようかと思ってしまう。でもまだまだ行きたい所は沢山有りますよ！　のぶこさん！

八時朝食。昨日の食堂、柔らかい拳くらいのバターパンが籠いっぱい、スクランブルエッグ、ハムとイタリアントマト。コーヒーと紅茶とミルク。

昨夜あんなに食べたのに、又わんさか食べられる。

洋子と隆子のギクシャクはまだ解消しない。洋子は昨夜天蓋ベッドに一人悠々寝たでしょ！いい加減にしてよ！

今日はコルドバに行く事にした。

駅迄行く途中で市場を見つけ立ち寄ってみる。色々な野菜や果物がテントを張った店に並べられていて楽しそうだ。オレンジを買う。

駅でコルドバに行く列車の時間を調べる。乗る列車まで一時間程待つのでダネス氏宛てに絵葉書を三人の名前だけ書いてポストに入れる。

未だ時間が有るので、さっきの市場へトマトを買いに行くと日本人の女性と出会う。彼女も同じ列車でコルドバへ行くとの事で、急いで同行の友人を迎えに行った。

トマト1kg24円と言う。間違いないか聞き直すが24円だ。安い！　多めに買い駅に戻ると既に入っている列車に乗り込む。

日本人四人が加わり七人のグループになった。色々話している内、やはり同じバイカル号に乗って来た人と分かる。どうりで見た事がある顔だと思った。ハバロフスクから列車でモスクワ迄行ったそうだ。暫くはその話で盛り上がる。

コルドバ着。私達は帰る列車の時間を考えるとコルドバでの時間は3時間しかないので、急いで街の中を見て歩く。本当は一泊したいのだが洋子があまり乗り気ではないので仕方が無い。その上暑さでもイライラする。とにかくもの凄い暑さだ！

街の中を歩いていると中庭の美しい家を見つけ、入っても良いか中の女性に聞いてから入ってみる。白壁に色とりどりの花の鉢を飾ってスペインの感じ大です。絵葉書みたいです。写真を何枚か撮る。

コルドバのカテドナルド寺院に行くが、時間が無いとの事で中に入らず駅に向かう。もの凄く残念だ！　私一人なら見に行くのに……。

水を入れる素焼きの壺を、ロバの背中に積んで売り歩いているおじさんを見つけ、どうしても欲しく、荷物になるのを承知の上で一つ買ってしまった。20ペセタ（約120円）。洋子が怒っていたが出来ればお土産に10個くらい欲しいと思ったぐらいだ。何とか日本迄無事に持って帰りたいと思った。

駅で列車を待つが予定より30分も遅れて来る。スペインでもイタリアと同じかな？　これが普通かも……。

マラガに到着したのが夜10時。ペンションでの食事には間に合わなかった。運よく駅前のパン屋が開いていた。少し硬くなったパンをおじさんは半額で売ってくれた。ペンションに戻ると三人とも身体を拭き、遅い夕食をしてから寝た。12時を過ぎていた。今日も洋子は天蓋付きベッドで一人で悠々寝る。隆子はオカンムリだ。

コルドバ　民家の中庭

1968年6月28日㈮　晴れ

朝8時起床。急いで荷物をまとめて駅へ行く。

9時10分発グラダナ行きに乗る。グラダナ13時到着。

駅でウロウロしていると声を掛ける人がいる。マドリッドで会った日本の男性だった。彼は14時の列車でマドリッドに帰るところだと言う。

彼と別れてからバスでアルハンブラ王宮へ行く。ダネス氏も言っていたようにもの凄く美しい宮殿だった。博物館や塔にも行く。ライオンの噴水のある中庭、噴水のある美しい庭も歩き回る。

宮殿の修復をしている日本人の男性が色々と説明してくれたので、とてもよく分かり有難かった。一瞬その時代の人になったような気がした。

4時になると、彼は「幸せだ」と言いながら仕事に戻っていった。

美しい庭を眺めながら食事をした。次に離宮に行ってみる。王宮から少し離れていたが、これは又一段と素晴らしい庭である。植込みと花と噴水の見事な事、そして敷き詰められた大理石の道、三人とも夢心地であちこち歩く。売店でアルハンブラ宮殿の本を少し高かったが思い切って買ってしまった。１００ペセタ（約６００円）。

ダネス氏にも同じ本を三人で割り勘でお土産に買う。

確か、兼高かおるさんがこのアルハンブラ宮殿を案内したテレビを見たような気がする。母と一緒に見ていたような気がする。

20時半アルハンブラ宮殿を出て、街の広場まで歩いてバスの停留所迄行った時、声を掛ける人がいる。今日グラダナ駅で会った男性だった。

びっくりしてどうしたのか聞くと、昼の列車は全部予約されていて乗れなかったので、夜行でマドリッドへ行く前に街の中を見て歩いていたのだと言う。

それでは私達と一緒に行きましょうという事になり、20時30分発マドリッド行きに乗り込む。列車の中で遅い夕食をし、お金の清算もした後寝る。

今日は荷物になるお土産（素焼きの壷）を買ってしまったので持ち歩くのは大変だ！

同じコンパートメントにスペイン人の父子が入って来たので、少し窮屈で有るが仕方が無い。何とか狭いシートで横になった。

しかし、邪魔者扱いされた素焼きの壷だが美味しい水が飲める為、大いに役に立っていた。洋子のご機嫌も直ったようだ。

1968年6月29日㈯　晴れ

朝7時目覚める。マドリッド8時15分到着。

駅でバルセロナ行きの列車を調べた。日中の列車の為リザーブに行くが、もの凄い人の列でどこへ並べば良いか分からない。

兵隊さんに聞いてやっと並ぶ列が分かったが、希望していた席が取れず、タルゴのシートが取れた。14時発の列車だ。

街中の店でパンとオレンジを買いそろえる。

洋子さんとお土産の革のネクタイを買いに行くが、店が全て昼休みで閉まっており残念ながら買えなかった。洋子さんに、もしバルセロナで見つけたら教えてほしいと伝えてあきらめた。

暑いのでアイスクリームが欲しかったが、ぐっと我慢して駅に戻る。ファーストクラスの待合室に入って、朝とも昼ともつかない食事をし、日記を書いたり、旅のスケジュールを組んだりする。

ピサの斜塔はどうしても見たいので、バルセロナに着いてから、夜行が有るかどうか分からないので一寸心配しながらタルゴに乗る。

なかなか立派な列車である。洋子と隆子のシートとは離れていて話が出来ないが、かえってほっとしている自分がいる事に気付く。

列車が走り出すとボーイが食事の予約を聞きに来たが、だいぶ金額が高そうなので断る。隣の人が食べるのを見るのが辛いので、眠った振りをしていたが、いつの間にか本当に眠ってしまっていた。

バルセロナ到着は20時のはずだが、着いたのは21時だった。

ペンションを探すが遅すぎる。列車はバレンシア行きしか無いので、それに乗る。ファーストクラスのシートは無いと言うので、セカンドクラスのシートで我慢する。しかし、いざ乗ってみるとファーストクラスはガラガラで私達三人は腹を立てながら席をファーストクラスに換えた。このスペインに来て思うには列車のリザーブに随分苦労した。ファーストクラスのコンパートメントは三人だけで楽だった。

1968年6月30日(日)　晴れ

朝バレンシア駅8時到着。スペインは暑い！　脱出したくなった。再度バルセロナへ行ってから、ローマかスイスへ行く事を考えた。一人で行くつもりだったが、洋子も隆子も同行すると言う。

8時25分発バルセロナ行きに乗る。ファースト・コンパートメントをリザーブする。既にスペイン人男性が一人座っていた。荷物を席に置いて隆子さんと二人でバレンシア駅前だけ10分見て歩く。暑い！

列車が走り出すと直ぐ朝食を取る。

同室のスペイン人が色々話し掛けてくるが半分しか分からない。ジェスチャーがオーバーなので頭で聞くより仕方が無い。スペインの男性はしつっこいし、英語でしゃべると文句を言う。洋子さんはスペインの男性にぶどう酒をご馳走になっている。私も無理にすすめられたが断った。

だんだん暑くなってくるが、冷房の施設が無い為身体中汗びっしょりになってしまう。

中国人男性が途中で一人コンパートメントに入って来た。私が英語で中国人と話すとスペインの男性はその間に割り込んできて邪魔をする。あまりにしつっこいし英語でしゃべると文句を言うし、うるさいので寝た振りをしている内に本当に寝てしまった。変な人！

窓の外、バレンシアからバルセロナの間に時々海が見える。見ていると砂浜だし遠浅のようだ。こんな所で泳げれば良かったのにと思う。

しかし、この暑さと、スペイン人のしつっこさと言葉の通じない事等を思うと、早くスペインを出たいと思った。

バルセロナ16時到着。中国の男性はローマへ行くと言って、別れて行った。

私は一人でピサへ行くつもりで列車をリザーブしに行くことにした。洋子と隆子はバルセロナで泊まると言うので本心ほっとした。一人で旅が出来ると喜んだのだった。

一旦別れたのに直ぐ一緒に行くと言ってきた。がっかり！

ピサ行きを止めて、ジュネーブ行きが有るからそれに乗ろうと言う。ジュネーブ行きの列車をリザーブする。

出発迄に一時間有るので、隆子さんと二人で立食い屋に行く。

マドリッドより物価は高く、サラダ等は量が少ないのに20ペセタもするのだ。スペインに来る事も無いかもしれないと考え、持っている小銭も全部使ってしまった。

列車に乗りパンをかじって夕食とする。洋子さんと隆子さんはビールを飲んで夕食を済ます。全くへんてこりんなスペイン旅行です。

同じコンパートメントにスペインの兵隊さんが三人乗って来た。英語を話せるので少し話をするが、その内の一人が革袋に入ったワインを私達に持って来てくれた。洋子さんと隆子さんの二人はスペイン式に顔を仰向けて飲む。兵隊さん達は喜んで大きな声を出して笑った。するともう一人の兵隊さんが証明書のような物を見せて何か言うとそそくさと行ってしまった。スペイン語なので何と言ったか分からない。何となく変な雰囲気になった。そして三人とも行ってしまった。

私達だけになると日本の話になる。食べ物の事、温泉の事、山の事等、日本はやっぱり良い所だという事になり「早く帰りたいね」と言ったきり暫く皆黙ってしまった。ラーメン、御寿司が食べたい！

夜の9時頃スペインとフランスの国境ポートヴィラで列車を乗り換える。長い列を作って税関を通る。荷物を調べられる人もいたが、私達三人は何事も無くスッと通ってしまった。フランスに入った。

ホームには既にジュネーブ行きの列車が入っていたので、早速三人でコンパートメント一室を取り、寝ることにする。下着を取り替え、洗濯をして頭の上に干す。恥ずかしい！

明日スイスに入ったら、待ちに待ったチョコレートを食べ、牛乳を飲もう。スペインのあの樹の無い岩山はもう飽き飽きした。

緑と水の美しいスイスは（物価が高いけれど）大好きだ！

1968年7月1日(月)　晴れ

朝5時半に目が覚める。リヨン駅6時到着。8時にスイスのジュネーブ到着予定だ。

洗面を済ませ、未だ寝ている二人をそっとしておき、一人で朝食。

8時ジャストにジュネーブ到着。駅に降りると税関検査が有る。

私達三人は何事も無く通過する。駅でチェンジ・マネーする。洋子さんから貸してある20フランを返してもらう。

インフォメーションでレマン湖の事を聞いてからモンブラン橋迄行き、遊覧船に乗ることにする。船員が来て時刻表を渡してくれたので、9時発の船に乗る。

遠くに山々が見えるし、湖畔には花や緑の樹に囲まれた美しい別荘が並んでいて、何となくホッとする。緑は心和む美しい風景だ。

スイスで湖上遊覧出来るとは思っていなかったのでとても嬉しい。

白い大きな遊覧船である。少し霞んでいる為モンブランは見えないがとても良い気持ちだ。

船のプログラムによると、20時頃ジュネーブに帰るようになっている。約半日の遊覧のようだ。

パンが無くなってしまい一寸心配だが、何とかなるでしょう。

途中ローザンヌで船を降り、店でパンとジャムを買う。念願のチョコレートも一つ買う事ができた。スイスのチョコレートは格別美味しい。

公園のベンチで昼食をし、又船に乗ってシオン城へ行く。シオン城の絵葉書を一週間振りに家に書く。グラビアで見たように水面に影を落とした静かな小さなお城だ。帰りの船の都合で10分しか時間が取れない。走って行ってシオン城の柱を触って又走って戻って来た。

シオン城

それなのに、帰りの船に乗る時間は長かった。

湖畔の別荘、泳ぐ人、白いヨット、高い山々を眺めながら夕焼けのモンブラン橋に戻って来る。世界一の噴水も天を突くかとばかりに高く上る。

日本人の兄妹と出会った。今晩はジュネーブで泊まりだと言っていた。

駅に行くと丁度列車が出るところ、行き先も確かめず飛び乗ったが、バーゼル迄しか行かない列車だと言う。バーゼルの駅のベンチで午前1時から4時迄横になる。ベンチで寝るのは生まれて初めての事であるが、夜行が続いたので他人の事は考えていられないくらい眠い。

バーゼル4時発の列車に乗り、早速コンパートメントでベッドを作り寝た。日本の夢を見た。畳の上で大の字になって寝ている夢だった。

1968年7月2日㈫　晴れ

7時半目覚める。ハイデルベルグだ。洗面を済ませて考える。今日はどうしようか？　計画を立てる暇も無く列車に乗ってしまったのが口惜しい。ライン下りの船に乗りたいが、8時40分のマインツ発には乗れない。洋子達に相談するが二人ともどうもはっきりしない。

一応フランクフルトで降り、マインツまで行く。11時発の船が有るのでそれに乗った。船上で朝とも昼ともつかない食事をする。

ライン川として有名だが水はあまり綺麗ではなく、逆に変な臭いがするのだ。周りの風景も今のところたいした事は無い。

出発して暫くそんな様子なので、椅子の上で少し眠る。一時間ほどすると少しずつ景色も変化しはじめ良くなりだした。船が止まる桟橋も花々で飾られて美しいし、レストランやホテルで楽しそうに食事をしている様子も見えた。船上レストランでも客が食事をとっている。

我々三人は他人の食事の様子を横目で見ながらビスケットをかじって我慢する。日本ならば……と、又日本恋しいが始まり、三人して日本の食べ物を思い出していた。

船の旅も午前11時から夜の10時迄だと一寸嫌になってきた。ローレライの岩も期待したほどの事は無いが、岩の近くになると「ローレライ」のメロディーが流されたのは楽しかった。右に左に山上の城というより砦もあまりにも沢山有るので有難味も少ないのだった。

ついウトウトしてしまう。途中で降りようかと言いつつ、何となく億劫で遂に終点のケルン迄来てしまった。

夜空にケルンの大聖堂の塔が浮かび上がって見え美しい。駅までは直ぐだ。最終のハンブルグ行き列車に乗るつもりでホームに上がったが、列車は30分遅れていて、違うハンブルグ行きの列車に乗った。

船のトイレではお金を支払わなくてはならないので、今迄我慢していたがやっと用を足す事ができた。こんな小銭をケチらなくてはならない旅では、楽しさも半減してしまうと思った。

夜中近く、やっと夕食を取る事ができた。明日の夜はダネス氏の所でゆっくり寝られると思うと嬉しい！

1968年7月3日(水) 晴れ

早朝5時半目覚める。夜行車中連続五泊は疲れた。今迄のレコード破りだ！ あんまり嬉しくない。朝の光が眩しい。6時ハンブルグ着なので急いで洗面を済ます。

6時5分ハンブルグ到着。ドイツは割に時間通りに発着するので、ドイツに入ると旅行をしていてもホッとするのはきっとそのせいかもしれない（昨夜は一寸狂ったが……）。物価も安定しているし、安いのが有難い。スーパーも多いので懐の心配も少しはなくなる。

洋子さん一人がハンブルグの友人奥路さんの所に出掛けて行く。隆子さんと二人駅のベンチで洋子さんの帰りを待つ。

色々考えると一日も早く日本へ帰りたくなってしまう。食べ物が一番恋しい。温かいご飯にキュウリのお新香、わかめの味噌汁、ラーメン、カレーライス、天丼。私が帰る頃は茄子やキュウリ、ピーマンが美味しい頃になっているかも……。

耳がかゆい。お風呂に入りたい。背中がかゆい。

ツーリストに依頼したバウチャーの事も気に掛かる。どうもウイーンからモスクワ回りの鉄道は使えないようだと聞いた。持っているお金も少なくなってきているし、早く多田さんからの連絡が欲しいと思った。

横浜からバイカル号に乗った時の気持ちも少し変化してきているようだ。でもスペインはもう沢山！　と思っていたのに、もう一度マドリッドやアルハンブラ宮殿を見に行きたいと思うのは不思議だ。

ハンブルグからロッテルダム行きに乗り朝食を取る。二等車なのに寝てしまい、12時過ぎ目覚める。残った食料、少しのパンとジャムとオレンジで昼食。

スペインでは気が狂いそうに暑かったのに、オランダではセーターが要る。嘘みたいだが確かに涼しいのだ。

ロッテルダムで乗り換えハーグに到着。駅でツーリストの多田さんに電話を掛けるが、バウチャーは未だ出来ていないと言う。仕方が無い。

駅前の屋台でニシンを食べる。やっぱり美味しい。スペインよりずっと安いし、日本人の口に合う食べ物だ。

バスでワッセナールに戻り、早速ダネス氏に飛び付く。何だか自分の家に帰ったような気がした。洋子も隆子も同じようにダネス氏と抱き合っている。ダネス氏も嬉しそうだった。

先ず洗濯をし、部屋の掃除をし、旅の荷物を整理する。

ロバートが友達二人を連れてやって来る。今夜はベッドが足りなくなるかと一寸心配するが、何とかなるでしょう。

ダネス氏が石綿さんからの手紙を渡してくれる。やっぱり内容は「元気？　旅を楽しんでね！」と簡単な手紙だった。

夜食は豆のケチャップ煮とライス、それに瓶詰めの雲丹を食べる。

皿を洗った後、私達三人は入浴をする。垢落としである。何日振りのお風呂だろうか？　真っ黒い垢でバスタブの中は見るのも気持ちが悪くなるほどだった。

夜、と言っても8時は未だ明るい。ダネス氏の友人が遊びに来たので、我々の作った豆のケチャップ煮を出すと、美味しい、美味しいと随分食べてくれた。

彼が帰った後、私達はダネス氏に買ったお土産「アルハンブラ」の本を渡した。ダネス氏はアルハンブラに行った事は有るが、本は持っていないと大変喜んでくれた。素晴らしい写真が載っているので、日本の友人や、会社の上司にも買っていってあげたいと思ってはいたが、何せ高い。私の懐予算では無理。

それにしてもソ連がチェコに侵入したお陰で、旅行のバウチャーが出来ないでいる。第三次世界大戦にならない事を祈るばかりだ。

夜9時を過ぎても明るいので、つい寝るのが遅くなりベッドに入ったのは午前1時を過ぎてしまっていた。日本に帰ってもこのくせが付いていたら大変だ。

明日は洋子達と北欧旅行の計画を立てましょう。

1968年7月4日(木)　晴れ

朝9時過ぎやっと目覚める。疲れていたのだろう、夢も見ずぐっすり寝ていたようだ。朝食は旅の間持っていたパンを一人で食べた。

パンは硬くなっていたので、オープンサンドにして食べた。

洋子と隆子は未だ寝ていて、なかなか起きてこない。

ロバートと二人の友人にはサンドイッチを作っておく。玉子、ピクルス、サラミを挟んでおいた。

食後一人で洗濯、掃除、下着のつくろいや荷物の整理と忙しい。色々のパンフレットが沢山溜まってしまい、帰りは大変だろうと思った。

皆が起き出す前に一人で郵便局に行く。出し損なったジュネーブの絵葉書に切手を貼って石綿さんに出す。

ロバートと二人の友人は食事を済ますと、庭の掃除を始めた。私も手伝ったが驚いた事に熊手のような物で草を集めたり、大きな植木鋏みで草の頭を手当たり次第に切るだけだった。これがオランダの高校生のアルバイト、働き方なのかしらと思った。だから日本人は働き者と言われるのかもしれない。

夕方5時近くまで働き、それから又食べたり、飲んだりが始まる。

ロバートは物足りないのか、自分で肉を買ってきてステーキを焼いてポテトフライと共に作ると友人と食べ出した。

洋子と隆子がグリンピースを煮る。昨日残った豆と一緒に食べる。

私がグリンピースを少ししか取らないので、ダネス氏が心配して「嫌いなのか？」と聞いて来た。豆はあまり好きではないが、ダネス氏が心配するのでスプーンで取り分けてもらって食べた。

デザートはバナナ、ワインは赤だった。私には少し強かったのか酔っ払ってしまい、皆に笑われてしまった。

食後スライドを見せてもらう。ダネス氏の若い時やスペイン旅行のフィルムである。アルハンブラのフィルムも有った。ダネス氏はアルハンブラの写真集（パンフレット）を買って来なかったことを残念に思うと言った。

午前1時過ぎ就寝。

明日は、いや今日は北欧へ出発する事になっている。

1968年7月5日㈮　晴れ

9時起床。未だ誰も起きていない。洗面を済ませ一人で日記を書き、列車の時刻を調べる。ご飯を炊いていると洋子が起きて来た。

二人で生卵とウニと海苔の佃煮で食事をしていると隆子が起きて来た。三人で同じように食事をとる。

ダネス氏も起きて来た。ダネス氏に今晩三人で旅に出る事を話すとびっくりし「いつ帰るのか」と聞く。「7月15日くらいになる」と洋子と隆子が答える。私は「バウチャーの件が有るので7月10日頃」と答えた。

午後、郵便局に行き切手を買い、食料品を買い旅の用意をする。

ダネス氏が「夕食は5時で良いか」と聞きに来た。

洋子と隆子は留守番をすると言うのでダネス氏と二人で夕食の食材を買いに出る。ダネス氏は花屋で小さな花束を作ってもらう。白いカーネーション4本と薄紫のチューリップ4本。花屋のおじさんが私にピンクのカーネーションを一本下さった。ダネス氏は私の手を引いて市場を通り過ぎ古い教会に連れてゆく。教会裏の墓場の一番奥、大きな木の根元に金属のプレートが埋まっている。

ダネス氏は「これはノルマンディーの勇士の墓」と言って花束をそのプレートの前に置いた。「二人のアメリカ人と一人のドイツ人。敵も味方も無い。彼らはとうとう故郷に帰れなかった」胸に手を置いてダネス氏は瞑目した。ダネス氏は自分もここに葬られるのではないだろうか……と思っているのかもしれない。

ダネス氏と教会に行く

私はおじさんに貰ったピンクのカーネーションを花束に添えた。ダネス氏は私の額にキスをした。そして「ノブコ、戦争をしてはいけない」静かだがその声には力がこもっていた。
墓場を出たが土葬の墓場で何となく死臭が漂い、身体に纏わり付いているような気がした。運河の土手に上り、ダネス氏と二人風に吹かれてから魚屋に行く。魚屋で鱈の切り身を四切れ買い、八百屋でレタスを買って帰った。
夕食は鱈のバター焼きとサラダ、煮豆とインディアンライスを作り、旅立ちを祝して皆で食した。

ダネス氏の友人が二人やって来て私達をハーグ駅まで送ってくれる事になった。ハーグの駅のパン屋でダネス氏が一人二個ずつパンを買ってくれ、その上赤いカーネーションを一本ずつ買ってくれた。

優しいダネス氏。私達三人一度にいなくなるのは寂しいのかもしれない。ごめんなさい。やっぱり旅は続けないと……。

ハーグからユトレヒトに行き、そこでコペンハーゲン行き列車に乗り換えた。列車に乗ると直ぐコンパートメントの座席シートをベッドに作り直して横になった。午後10時になっていた。

北欧はどこまで行かれるかな、寒いだろうな……と考えながら寝た。

バウチャーがなかなか出来てこないのが気になるが仕方が無い。北欧から戻る頃には出来てくるかも……。そう思う事にした。

ダネス氏は体調があまり良くないし私達三人が急にいなくなって寂しがっているかなあ……心配だ。

1968年7月6日㈯　曇り

朝8時目覚める。9時10分コペンハーゲン着の予定が9時25分到着。オーデンセへ行く列車の時間を駅員に聞いてから日本航空のオフィスに行く。

フィルムを日本の富士フイルムに送ると、現像し写真に出来たならば日本の家族のもとに届けてくれるというシステムになっている。日本にいる家族はきっと安心すると思う。

10時25分の列車に乗る。途中船に乗り換え、又列車に乗り換え14時04分オーデンセに到着する。

インフォメーションオフィスは土曜日の為閉まっており旅の情報を取れない。銀行も開いていないので洋子と隆子は近くのホテルでお金をチェンジする。ついでにYH行きのバスの番号を教えてもらったのだが、道の途中で二人のアメリカ人姉妹に出会った。二人はYH迄歩いて行くと言うので一緒に行く事にした。

途中アンデルセン博物館に寄る。2クローネ（約100円）支払い低めの入口から中に入る。アンデルセンについての詳細な資料、物語の資料、各国のアンデルセンのお話の本が並べられていた。日本の本も置いてある。何だか懐かしい気がすると共に色彩が一番綺麗だと思った。

アメリカ人姉妹はもっとゆっくり見たいと言うのでＹＨで会う事にしてそこで別れた。ＹＨに向かって歩いていると一人の老婦人が私達を呼び止め、日本人と判ると「ヤーパンのセンポ」大いに喜んで握手をしてくれた。後はデンマーク語で何と言ったのか判らなかった（ヤーパンのセンポって何？　以前にも言われたことが有ったが？）。

ＹＨは一泊しか取れなかったが夕食は運良く取れた。荷物を部屋に置くと直ぐ三人で散歩に出た。あちこち歩き回り、芝生に寝転んで色々と話をする。

夕食は6時半少し過ぎに始まる。肉とマッシュルームと玉葱のハヤシライス風でイタリア米のご飯の上に掛けて食べた。かなり美味しかった。私と隆子はお替わりしてしまった。洋子にも勧めたが何が原因か判らないがいきなり

アンデルセン博物館

怒り出した。疲れていたせいかもと思うのだが私も疲れていたのでつい「うるさい！」と怒鳴ってしまった。

洋子はデザートを食べるとさっさと部屋に行ってしまった。

ホステラーが私と隆子に皿洗いを手伝ってほしいと言ってきた。ホステラーが先程の事を見ていたのだろう、きっと気を静めるよう皿洗いを頼んできたのだと思った。喜んでOKする。次、フランスの団体さんが直ぐ替わってくれる。それにしてもアメリカ人姉妹は見当たらない。どうしたのだろう？

私はロビーで日記を書く。隆子はシャワーを浴びに行った。洋子はベッドで毛布を頭から被っている。ご機嫌直ると良いなー。

明日はオスローに行くつもりです。早めに寝よう！

1968年7月7日(日)　曇り

8時半起床。7月というのに部屋にはスチームが入っている。外は寒い。日本では今日は「七夕」なのに……。

朝食は隆子と二人でする。洋子は食事にも来ないし一言も口を開かない。

食事後オーデンセ駅に行き、9時50分発でフレデリック・ファーベンへ向かう。途中アルツで乗り換える。とても寒くベンチで小さくなって列車を待っていると三人のスウェーデン人が酔っ払いながら話し掛けて来る。ビールかコーヒーを飲もうとしつっこく誘う。

彼等はお金を持っていなかったので店に時計を置いてビールを飲んだと言う。コーヒーを渡されたが空腹の為気持ちが悪くなった。

列車に乗る。中はとても暖かく、ましてやファーストクラスのコンパートメントは私達が食事をするのが憚られるくらい素敵だ。クッキー一人一枚だけ、チーズが有ればなあと思う。じっと我慢だ。

窓の外は風と雨で寒そう。旅は辛そうだ。窓の外を見ながらオスロでコペンハーゲン行きの列車が有れば引き返してもと思うのだが、何だか動くのが億劫になっていた。

ソ連のバウチャーが出来ていれば安心なのだがチェコ侵入の事も有って簡単にはいかないようだ。北欧旅行を楽しもう。

ゲーテボルグに到着したのは夜の10時。雨風は止まない。

さっきの三人組が自分の家に来て泊まれとしきりに言う。オスロに行く列車も無いし、宿も取れないし一緒にタクシーに乗る。現金が無い為彼等はタクシー代として運転手に指輪を渡していた。

高台にある高級そうなアパートの7階に母親と妹が待っていた。コーヒーを淹れて貰いビスケットを食べる。疲れているのに無理矢理レコードを聴かされる。「ABBA」のレコードだ。

洋子はソファーで寝てしまった。

隆子と私の二人で彼等と話をするがスウェーデン語と英語を取り混ぜての話は辛いしとにかく眠い。午前4時頃とうとう床に毛布を敷いて二人で包まって眠った。

若い男の子二人が何とかかんとか言ってやって来たが、寝たふりをしていたら諦めたらしく自分の部屋へ行ってしまった。

今日は全く変な日、これではオスロに行く事が出来ない。一日早いがダネス氏の所へ帰る事に決めた。バウチャーがどうなったかツーリストの多田さんの所へ確認もしたいので、一人で戻る事に決めた。

日本では「七夕」だ。ここは寒い。一人小さな声で七夕の歌を歌ってみた。空は深く曇っていて星は全く見えない。

1968年7月8日(月)　曇りのち晴れ

朝9時目覚める。皆は未だ起きない。洗面を済ませてから洋子と隆子を起こす。母親がコーヒーを淹れてくれる。コーヒーとビスケットを食べていると皆が次々起きて来た。午後の列車で出発するつもりで荷物を整理し皆にお礼を言い、折紙を小さな女の子に渡した後駅に向かった。バスに乗りたいがお金が無い。歩いている途中の銀行でマネーチェンジした。一人戻る私はオスローを目指す洋子達と駅で別れた。列車の中で食事をするつもりで駅前のスーパーで黒パンとチーズとサラミ、それにオレンジを一つ買った。ふと振り返ると駅でサヨナラした筈の洋子達も矢張り買い物をしている。手を上げて声を掛けると二人も笑って近づいて来た。洋子のご機嫌は直ったらしいので一安心だ。

列車の中で食べるつもりだったのに腹ペコ三人は駅のベンチで夢中で食べまくった。そして又さよならをして別々の列車に乗った。

コペンハーゲンに着く。アムステルダム行きの列車に乗り換えるまで三時間程有るので街の中に出掛けてみた。駅前の広場のベンチで鳩と遊んでいると色んな人が声を掛けて来る。アメリカ人旅行者、アイスランドの船員、ドイツ人の若者等。しかし感じの良い人は一人もいなかった。煙草が欲しいとか食べ物が欲しいとか言って来る。食べ物は私の方が欲しいのに、と思いながら笑って断る。

港に出た。舫った船の上で男性が編み物をしている。びっくりして見ていると男性は笑いながら編み掛けのセーターを見せてくれた。北欧独特の二重編で何色かの毛糸を使っている。寒い北での漁ではこの部厚い編み方で無ければ耐えられないのだろうと思った。でも何故男性が編むようになったのか？ 聞いてみたいが私はスウェーデン語は全く話せない。英語で聞いてみたが、彼は首を横に振った。微笑ましい風景。

駅に戻る。もう列車が入っていたので急いで乗り込んだ。コンパートメントにはアメリカ人の男性二名と私の三人……と思っていたら一人の日本人が入って来た。

私が日記を書いていると「日本の方ですか」と声を掛けて来た。

日本語で話せるかと思うと嬉しくて、日記を書くのを止めた。

彼はアムステルダムで何日か観光し、又あちこち観光した後7月16日マルセイユから船で日本に帰る心算だと言う。未だ行きたい所が有るので急いで見て歩いているのだと言った。もっと色々話したいのだが夜行列車だし時間も遅いので寝る事にした。

1968年7月9日㈫　曇り時々晴れ

8時頃目覚める。二人のアメリカ人と日本の男性はまだ眠っている。そっと起き、洗面を済ませ残ったパンで食事をする。

天気はあまり良くない。途中コンパートメントに人が入って来たのでみんな起きる。

10時14分アムステルダム到着。

日本の男性がパリに行く列車の時間を調べると言うので時刻表を見に行く。朝食を一緒にしようと言うので、街の中へ出る。

スタンド・フード店が見つからずYH近くまで来てやっと見つけた店でホットドッグとコーラで済ます。

彼はレーパーバーンに行ってみたいと言うので歩いて行く。途中以前行った事の有るアイスクリーム屋でフライドポテトを食べる。私は彼にアイスクリームをご馳走する。彼の名前が大嶋さんと言うのをこの時初めて知った。昨夜列車の中で初めて会った人、それも名前も知らない人と朝食を食べに行く等、私はやっぱり日本語に飢えていたのだろう。ノートに大嶋さんの大阪の住所を書いて貰い、私も彼のノートに名前と住所を書いた。

昼間のせいか飾り窓（レーパーバーン）には女性の姿が少なかった。

メインストリート迄出てから美術館へ行く。私は前に見ているから外で待っていると言ったのだが、大嶋さんは一人で見るのは淋しいから一緒に入ろうと言う。再度中に入ることにした。

前に入った時見落としていた東南アジアや日本の絵や品物を見る事が出来た。再入館して良かったと思った。ゴッホの描いた浮世絵も有ったのに、前に来た時見損なっていた。

私が大嶋さんに「もし良かったら今日は私の行くアメリカ人の所へ来てくれないか？」と頼むと、少し考えてからOKしてくれた。ほっとする。一人でダネス氏の所へ行かない方が良いと思ったからだった。

大嶋さんはERパスを持っていた。

ハーグ迄行き、駅からツーリストの多田さんに電話をしバウチャーの件を聞くがまだ返事が無いとの事。がっかり！

多田さんも心配してくれ再度電報を打って確認してくれると言うがやっぱりソ連を通過するのが難しいのだろうか？

益々不安になり一日も早く日本に帰りたいと思った。

ワッセナールのダネス氏に、大嶋さんは大学のクラスメイトだと紹介する。大嶋さんの出た大学名を事前に聞いていなかったのでドキドキする。大阪方面の大学だったりしたらどうしよう。

メディーさんとオーラさんが来ていたので同じように紹介する。

ビールを飲み、ピーナッツを食べながら色々と話す。私はコーラ。

夕食はミートソースとライスにする事にし大嶋さんと買い物に行く。銀行でお金をチェンジしてから市場に行く。大嶋さんは食費を出すと言ってくれたが「無理矢理私が連れて来たのだから」と断る。

全部で500円くらいだから平気！　平気！

メディーさんがサラダを作ってくれる。オーラさんが友達を呼んでくると言って出掛けた。ダネス氏、メディーさん、大嶋さんと私の四人で食事をした後、庭の椅子に掛けて話をしたり写真を撮ったりした。

私がシティーホールに行く事を提案する。夜のシティーホールはきっと素敵だ。道すがらメディーさんがアイスクリームを大嶋さんと私に御馳走してくれた。

やっぱりシティーホールは白く、芝生はつやつやしており、沼は水鳥も寝ているのだろう、静かで美しい。

大嶋さんは「旅の良い思い出になった」と喜んでくれたので私も嬉しかった。

家に戻ると又ビールを飲み出す。オーラさんが三人の友人を連れてやって来た。一ダース有ったビールが忽ち無くなってしまった。

ビールを飲まない私は後片付けのみ。大嶋さんの様子を時々見に行くが彼は結構楽しんでいるようだった。余計な事は言わないようだ。そこいら辺を察していたのかもしれない。有難う！

ただ、サッカーゲームをしている三人の男性はいつ帰るのか判らない。私は大嶋さんにベッドを教える。彼は早々にベッドに入った。

ダネス氏が目覚まし時計を二つ持って来てくれる。大嶋さんが出発するのに早く起きるだろうとの心遣いである。

明日から大嶋さんがいなくなるのは淋しい（？）のと同時にダネス氏と二人になるのが不安だった。

洋子達に早く帰って来て欲しいと思いながら私も早めにベッドに入った。

1968年7月10日(水) 雨

朝7時に起き、直ぐ台所に行く。食事の用意をして大嶋さんを起こしに行く。何にもないが温かいご飯と梅干と生卵とインスタント味噌汁で一緒に食事をする。大嶋さんはとても喜んで食べてくれた。ウインナーとトマトでサンドイッチを作りオレンジと一緒に渡してあげる。お礼のお弁当のつもり。今の私に出来る事はこれくらいです。雨が降っているのでバス停まで送って行く。ハーグ駅まで送って行きたいが多田さんから電話が有るかもしれないので止めた。

見も知らない大嶋さんをいきなり連れてきてダネス氏の家に大学のクラスメイトだと嘘をついて泊まらせた。何だか別れが辛いなんて今の私はどうかしていると思う。一人帰って来ると吸った事も無い応接室のテーブルに有った煙草を吸ってみたりした。私どうかしている。

部屋の掃除をしているとダネス氏が起きて来た。二人きりになるのを避けるため洗濯や繕い物、荷物の整理をして時間を稼いだ。

ダネスがやって来て私をベッドに連れて行く。抱きすくめられた。

が私は苦しいと言って嘘の咳をして洗面所に飛び込み暫くそのまま出ないでいた。

そんな時運よくオーラさんが遊びに来てくれた。ダネス氏とサイコロで遊んでいた。私は直ぐ出て行かず洗濯をしていたように装った。

隣のロバートが友達三人連れてきた。おばあちゃんから誕生日のお祝いのカードとお金が届いているとの事でロバートたちは早速銀行へ出掛けて行ったが直ぐ戻って来て、オーラさんとサイコロ遊びをしたかと思うと又直ぐ出掛けて行った。

多田さんから電話が有ったので飛び付いて話を聞くが良い返事ではなかった「ＥＲパスの期限に何とか間に合わせてあげたいので心配しないで待っていて欲しい」と言ってくれた。

夕食はダネス氏と二人きりで簡単に済ましたがダネス氏はあまり食べない。二人とも黙ったままの時間を過ごした。

夜遅くオーラさんが遊びに来てくれた。私の事が心配で来てくれたようだ。その内ロバートも三人の友達を連れて来て、昨夜と同じようにビールやらコーラを飲み、ピーナッツを食べる。

午前2時ぐらいまで付き合うがとうとう私は疲れてしまい、「おやすみなさい」と言って部屋に入るとドアの錠に内側から鍵を差し込み、外から開けられないようにした上、ドアの前に電気スタンドや空瓶やトランクや椅子を置いてダネス氏が入って来られないように用心した。

皆が帰ると、ダネス氏は私の部屋をノックした、が私は寝た振りをし、ちぢこまっていた。ダネス氏は何かぶつぶつ言っていたが、自分の部屋に入って寝てしまったようだった。ほっとして私も直ぐ寝込んだ。私のやり方が悪かった。私は旅の目的を間違えていると考え、旅の計画を立て直ししようと考えた。一人になったのだから、本当に私の行きたい所に行こう。

1968年7月11日㈭　雨

9時起床。昨夜の後片付けをし、日記を書いていると11時頃ダネス氏が起きて来た。しかしどうも身体の具合が悪いらしく顔色が悪い上に背中を丸くしながら階段をそろそろ下りて来た。又例の弾丸が身体中を駆け回っているらしい。ダネス氏はソファーに腰掛けるとそのままうずくまってしまった。額に脂汗をかいている。

私はどうしたら良いか判らず、隣のケインを呼びに行ったが運悪くケインは不在で誰もいなかった。どうしてあげたら良いか判らず、ただ背中をそっと擦ってやるばかりだった。

暫くするとダネス氏は身体を起こし、深呼吸をするとやっと落ち着いたようだった。ミルクを温めて渡すと少しだけ飲んだ。二人で黙って座っているだけの時間が長かった。

久し振りにマイケルがやって来た。玉子焼きを焼いて遅めの昼食を三人でとる。ダネス氏、大分気分が良くなったようでソファーに腰掛け新聞を読みだした。一寸ほっとする。

夕方ダネス氏はハーグのガバメントセンターのレセプションに出掛けるとの事で服を着替えタクシーで出掛けて行った。

マイケルも早々に帰って行ったので一人で夕食をし、シャワーを浴びた。多田さんからの良い返事が有れば……とひたすら思う。

日本茶を淹れピーナッツを食べながらプレスリーの『ブルーハワイ』と『ノウ・モア』のレコードを繰り返し聴く。レコードを聴きながら、明日はパリかローマ、またはスイスにでも行こうかと考えた。そうだピサの斜塔をまだ見ていないと思った。やっぱりピサの斜塔は見たかった。明日出掛けよう！

1968年7月12日㈮　晴れ

朝起きたのは9時だった。洗面を済ますと、陽が射して来たので急いで洗濯物を外に干す。10時、ダネス氏が起きて来たので紅茶を淹れてあげる。

朝食は済んだのかと聞くので、食べていないと言うと「何か食べなさい」と言う。

12時少し前ダネス氏はハーグの銀行に行くと言って自分で車を運転して出掛けて行った。私とダネス氏の間は何となくギクシャクしている。このままではまずいな〜と思っていた。

ミートソースを温めて食事をしようと思っているとマイケルが友達と二人でやって来た。ゆっくり食事が出来ると思っていたのだが、二人はテーブルの向こうに座って私の方をじっと見ている。

「食べる？」と聞くと二人とも黙って首を横に振る（変なの！）。

私の食事が終わると二人は黙って帰って行った（変なの！）。

食後はプレスリーのレコード『ブルーハワイ』と『ノウ・モア』を繰り返し聴いた。

昼過ぎダネス氏が帰って来て一人でパンと目玉焼きとホットミルクで食事を始めた。私は紅茶を淹れてあげる。

いきなりダネス氏が言った「ノブコ、ケッコン、する？」。

びっくりした私は暫く固まっていたけれど、黙って少し笑いながら首をゆっくりと横に振った。「ダネスさんは私の父より年上です」と。

理由になるのだろうか？　……と思った。

私は一人で街に出掛け絵葉書を買い、郵便局で切手を買った。ついでに今夜のパンも買って来た。買い物から帰って来た私はダネス氏に「パリ祭を見たいので今夜の夜行で出掛ける事にしました」と伝えた。

「大嶋さんと会うのか？」と聞くので「大嶋さんはもうマルセイユから船に乗って日本に向かっています」と言うとダネス氏は無言で頷いた。

荷物を整えているとダネス氏がやって来て「ワイシャツのボタンが取れたので付けてほしい」と言う。居間でボタンを付けていると酒屋の御用聞きがやって来て、自分で持って来たサイダーを飲みながらダネス氏と世間話を暫くしてから帰っていった。面白いな～と思ったのは御用聞きが台所口から入らず一々玄関のベルを押してから入ってくるのだ。先日などは牛乳屋の若い男性だったが二階で寝ているダネス氏の寝室まで、矢張り玄関のベルを押すと勝手に上がって行った。日本とは随分ちがうな～と思った。

自分の父親より年上の人と結婚するのは、ヨーロッパではそれ程変ではないのかもしれない。

5時過ぎ、残りのミートソースをパンに乗せて食べて夕食は終わり。

洋服を着替え、ワンピースを洗い干してくる。ダネス氏と二人でコーヒーを飲む。飲み終わると私は荷物を持って家を出た。ダネス氏は終始黙って私のやる事を見ていたが、家を出る寸前私のおでこに軽くキスをしてくれた。荷物を持ってバス停迄送ってくれた。

バスがやって来るとダネス氏は小さな声で「ボン・ボヤージ」と言って手を振ってくれた。

体調が悪いダネス氏を置いて出て行くのに私の心が痛んだ。でもその方が良いのだ、と自分に言い聞かせた。明日あたり洋子や隆子が帰って来る筈だからとも考えた。多田さんからは何の連絡も無かった。

アムステルダム発午後8時38分ローマ行きに乗る。ダネス氏にはパリに行くと言っておきながら私はローマ行きの列車に乗った。どうしてもピサの斜塔を見たかったからだ。

久し振りにレース編みをする。編みながら考えた。ピサの斜塔を見た帰りにパリに行こうかと考えた。パリをゆっくり見て歩きたかった。未だにルーブル美術館にも行っていない。ナポレオンの棺があるアンバリッドにも行きたいし近くのロダン美術館にも行きたい。

デモも終わっただろう。瓦礫の取り除かれたソルボンヌ大学の美しい正門も確認したい。

シャンゼリゼ通りのカフェで街行く人をゆっくり眺めるのも、パリに来た！　と思う瞬間だろう。でも「パリ祭」前の今は何かと沸き立っているだろうから思い通りにはいかないかも……と色々考えながら列車に乗る。

女性三名なのでコンパートメントのシートを早々にベッドにして横になった。

1968年7月13日㈯　晴れ

朝バーゼルで目覚める。洗面をし、食事をする。同じコンパートメントの女性が何故か私の方ばかり見つめてくる。日本人が珍しいのだろうか。笑って見返すと彼女は笑い返してきた。

列車の窓からルガノ湖やコモ湖を見る事が出来た。映画で見て憧れていた湖である。美しい！

ローマに着き、列車を乗り換えてピサに着いた時は明るいのだが夜8時になっていた。土曜日の為かバスは一時間に一本しかない。仕方なく斜塔まで歩く事にする。駅前で道を聞くと5キロくらいだと言う。私の足だと一時間半あれば……と歩き出し、道々人々に道を聞く。すると5キロでは無く実際は1キロだとの事、人によっては500メートルだという。

出会った二人の兵隊さんが斜塔まで案内してくれると言う。今日は土曜日で斜塔の前の広場で何かイベントが有るとの事。そのイベントに参加するのだと言う。その為の兵服で明るいカーキ色、肩から腰まで七色の組み紐が下がっているし、勲章を2～3個胸に付けている。ズボンの脇にも金と赤の組み紐がついている。帽子にも金と赤の飾りが刺繍してある。

あまりに綺麗なので「モルト・ベラ」と褒めた。すると兵隊さんは突然大笑いする。私は褒めたのに？？？　何か変だ。大笑いした兵隊さんが言うのには「モルト・ベラ」は女性を賛美する言葉だと言う。男性の兵隊さんが大笑いするのはそれが理由だった。

石の小さな橋を渡り１００メートル程歩くと斜塔が見えた。緑の芝生の中に白い斜塔が美しく光って見えた。斜めの塔を手で押さえているようなアングルで写真を何枚か兵隊さんに撮ってもらう。

兵隊さんとはここでお別れする。お礼に折紙の鶴をそれぞれに渡した。兵隊さんは大喜びで大事そうに胸のポケットに仕舞い手を振って別れた。かなり薄暗くなっていた。

今日泊まる所を予約していなかったので、斜塔の近辺のホテルを探したが、イベントが有るのでどこも空きがなく、ＹＨも無かった。

駅に戻り長距離夜行列車を探すが生憎ピサからは無かった。先ずフィレンツェ迄戻る事にする。折角ならフィレンツェの街を見たい。見るべきところは沢山有る。宿を取って泊まるかと考えたが以前の変なホテル（ローマ）を思い出して止める事にした。

パリ行きの夜行列車は無い。ミュンヘン行き夜行列車を見つけた。駅のベンチで列車の来るのを待っていると日本人が珍しいのか人々が私をじろじろと見る。わざわざ見に来て前に立ってじっと見る人さえいた。

列車に乗る。暗い外。窓ガラスに映る自分の顔は泣き顔になっている。

頑張れ、のぶこ！！！

1968年7月14日(日)　雨

インスブルックの手前で目覚める。チロルの夏の風景は美しい！袖無しで寝ていたので少し寒い。急いで長袖のカーデガンを着た。

ミュンヘン到着。雨が降っていて更に寒い。時刻表を見ると30分後にアムステルダム行きの列車があるがアムステルダム着は22時半。ワッセナール迄は行かれない。ＹＨも取れない。食べ物を買うつもりだがもうどこの店も閉めていてフライドポテト一つも買う事が出来なかった。やっと駅の前の店でミルクだけ買えた。

急いで駅に駆け込み列車に飛び乗った。シュツットガルト、ハイデルベルグと過ぎるが今後どうすれば良いか考えが纏らない。マインツで降りフランクフルトに行き、ハンブルグ行きを見つけて乗る。何と列車のハシゴだ。

ハンブルグ着20時。ＹＨは電話を掛けてみたが満員との事。

奥路さんの所に行けば未だ洋子達がいるかもと思い、歩いて行く。この前は昼に歩いたのだが今日は夜なので迷い迷い歩く。かなり遅くなってしまった。

奥路さんはさっき仕事から戻って来たばかりと言い、私の訪問は少々迷惑らしかった。確かにそうだ。その上洋子と隆子は今朝ワッセナールに帰って行ったばかりだと言う。

男性一人の所に泊まる訳にもゆかず、駅まで歩いて戻った。食べ物を買う事も出来ず腹ペコだった。

ケルン行きの夜行列車に乗った。コンパートメントは私一人だった。直ぐ横になった。日記も付けなかった。

とうとうフィレンツェにもパリにも行かれなかった。夜行、夜行では見るべき所も見ずじまいだ。きっと後悔するだろうな〜と思いながら揺られていた。

明日はケルン聖堂を一人ゆっくり見に行こう。

1968年7月15日(月)　曇りのち雨

ケルンには朝6時到着。アムステルダム行きは一時間前に出てしまっていた。残念！　ロッテルダム行きが有るのでそれに乗る。

ロッテルダムでハーグ行きに乗り換える。ハーグに11時到着する。ハーグからバスでワッセナールに。洋子と隆子は既に戻っていて洗濯をしていた。外出していたダネス氏も戻って来た。

久し振りに皆が揃って昼食を取る。

その時ダネス氏が「夕方の4時過ぎにスペインの大事な友人が来ることになっている。部屋を掃除してほしい」と言う。契約しているいつものおばさんが今日は来られないとの事。「ノブコ、日本流の花を飾って欲しい」と依頼された。私は一応華道師範の免許を持っている、お手の物だ。こんな時には充分役に立つ。私はダネス氏から花の代金を受け取り、街に花を買いに出掛けた。花はチューリップの赤7本、白3本、ピンク5本に、霞草と紫のトルコ桔梗、葉の出始めた黄色のミモザ。

花束を抱えたまま運河の風車を見に行く。三台の風車はゆっくりだが皆回っていた。やっぱりオランダの風景だ！

買ってきた花に裏庭の緑の木の枝をダネス氏に切って貰い、例のデルフトの傘立てに、背景に大きく活け、花々を豪華に活けた。そしてそれをマントルピースの横に置いた。ダネス氏が満足そうに頷いていた。

洋子達は掃除をしてからダネス氏に紙を貰って鶴を折り、天井からのランプに結び下げていた。私も持っている千代紙で鶴を折ると、それらを応接間のあちこちに置いて部屋を飾った。

ダネス氏は台所で鳥の丸焼きを丸焼き機で焼く支度をしている。

隆子はサラダを作り、洋子はテーブルをセッティングしている。

4時を過ぎてもスペインの友人達は来ない。「これがスペイン風なんだね」と皆で笑い合う。ダネス氏も一緒に笑っている。

6時過ぎ、やっとスペインの友人（本人、奥さん、娘二人）がやってきた。少し雨が降っている。

スペインの四人の客人と私達四人は直ぐ食事をとる。二人の娘さんが日本の事に興味が有るらしく、色々聞かれるがスペイン語をダネス氏が訳して私達に伝える。覚束ない私達の英語を又ダネス氏がスペイン語で伝える。時間が掛かるのと矢張り上手く伝わらない。オーバーなジェスチャーが飛び交い大笑いし、楽しい食事会となった。

まず、桜の話から始まり、歌舞伎、忍者、寿司、天婦羅、相撲等。

千代紙で折った折り鶴をプレゼントする。嬉しそう！

娘達が楽しそうに話をしているのが父親は殊の外嬉しかったらしくニコニコ。夫婦共々笑顔で帰って行った。

ほっとしてダネス氏を見ると、ダネス氏もほっとした様子で片目をつぶって私達に「サンキュー」と言った。大成功だ！

1968年7月16日㈫　雨のち晴れ

今日ダネス氏が病院に行くので食事の用意をしたのだが、パンもゆで卵も食べずタクシーを呼んで出掛けて行ってしまった。

インツーリストの多田さんにその後どうなっているか電話を掛けて訊いてみたが未だなかなか時間が掛かると言う。もう待てない！

昨夜ダネス氏が「ソ連のチェコ侵入は暫く収まらないだろう」と言っていた事が気に掛かり、多田さんにキャンセルする事を申し入れた。多田さんはかなり怒ってキャンセル料25ギルダー（2500円）と言う。キャンセルする事をはっきり伝える。

洋子達はアルバイト先がほぼ決まっているので何とか頑張ってみると言う。私は「君子危うきに近寄らず」の精神で行こう。

急いで日本航空アムステルダム支店に電話を入れた。以前日本航空アムステルダム支店にフィルムを持って行った時、支店長さんが困った事が有ったならいつでも相談にいらっしゃいと言ってくれていた。

航空運賃の半分を支払えば後は帰国後で良いとの事。了解し、支店に行く約束をする。7月

28日出発、29日羽田着の予約をする。

さあ、それまでの旅を急がねばならない。

病院から帰ったダネス氏にその旨を話す。その間にもう一度行きたい所を旅する事も話す。

急な話に驚いたダネス氏は中国料理店で食事をしようとタクシーを呼んだ。

着替えもせずタクシーでライデンに行く。街の中を案内してくれる。自分が通ったライデン大学にも連れて行ってくれた。ついでに歯医者にも寄り、私達を紹介する。

店の前の道路に並んでいる椅子に掛けてコーヒーを飲む。ダネス氏は次々通り掛かる知り合いに笑顔で挨拶をし、私達を紹介する。

橋の上にいる手回しオルガン奏者にお金を渡したダネス氏は私とワルツを踊りながら「飛行機キャンセルしないか?」と言う。首を横に振り、それでも私はダネス氏とワルツを踊った。ごめんなさい。

ライデンに来たのならばシーボルト記念館に行きたいと思ったのだが、時間が無かったのと同時に言い出せないでいた。

中国料理店では酢豚、野菜炒め、炒飯、春巻き等次々注文した。

デザートは杏仁豆腐。美味しかったし、嬉しかった。

帰り道にダネス氏が思い出に何かしたい事あるか？　と聞くので、私は「タウンホールに行きたい」と言うとダネス氏は私の肩を抱いてタウンホール公園に向かった。夕暮れの公園は紫

ライデン

カフェにて

の空に黒々とした樹々のシルエットが印象的で、静かで、美しかった。

洋子と隆子は煙草を吸いたいので池の向こうのベンチに行った。

空を眺めていると突然ダネス氏が「ウッ！」と池の縁にしゃがみ込んだ。身体に刺さった弾丸が又痛み出したのかと思い私は「ダネス！　ダネス！」とただ背中を擦りながら「洋子さん！　隆子さん！　早く来て！」と叫んだ。

その時ダネス氏は私に向かって「ノブコはもうすぐママに会える。私もアメリカにいるママに会いたい」と絞り出すような声で言った。

弾丸の入った身体では飛行機にも長旅の船にも乗れないのだ。ノルマンディーのヒーローは故郷に帰る事もママに会う事も出来ないのだ。ダネス氏のママはアメリカのフロリダにいるのだが、かなりのご高齢で会いに来ることも出来ないそうだ。私にはどうすることも出来ない。

走って来てくれた洋子も隆子も私も涙を流しながらダネス氏に抱きついた。空はもう暗くなっていた。さっきまで騒がしかった水鳥達も静かになっていた。

家に戻ると二人の学生が待っていた。疲れていたのと明日の支度があるので早く寝たいのだが、そうもいかない。

ビールを飲み、レコードを掛ける。プレスリーの『ハワイアン・ウエディング・ソング』『ノウ・モア』。

ダネス氏は私と踊りながら「ノブコ、結婚する？」と聞いて来た。

私は暫く考える振りをした後、頭をゆっくり横に振った。

本当にダネス氏は私と結婚を考えているのだろうか。特に嫌いという訳では無いが、あまりにも年が離れているし、身体にめりこんだ弾丸の痛さに夜毎呻くダネス氏に私は耐えられないだろうと思った。

でも、きっと「ノブコ結婚する？」の言葉はずっと後まで心のどこかで疼くのだろう、と思った。

午前2時頃、二人の学生はタクシーを呼んで帰って行った。

ワッセナール最後の夜の思い出は、ダネス氏と共に良い思い出になった。ずっと忘れないだろう。

1968年7月17日(水)　晴れ

朝起きると直ぐ荷物を整理して母宛てに帰国の日を知らせる葉書を書く。日記も急いで書く。葉書は駅のポストに出そう。

ダネス氏は体調が悪いのか昼になっても起きて来ない。私達が出て行くのを見たくないのかもしれない。

午後2時、昼食の支度を三人でする。ダネス氏には内緒の献立。ハンバーグステーキ、サラダ、ミートソーススパゲティーにイタリア米ライス。デザート無し。とうとうダネス氏は昼食に下りてこなかった。オーラが来ていたので食卓に着いて貰った。日記を繰ってみた。初めてダネス氏に会ったのは6月2日の昼頃。それから約1カ月半になる。それからの日々はダネス氏宅を基準に旅に出ては帰って来るスケジュールになっていた。充分お礼も出来ず、いきなり去って行く事になってしまった。色々有ったが、私達の我儘。

3時過ぎ、私達は寝室にいるダネス氏に挨拶をしに行く。ダネス氏は黙ったまま一人一人にハグをしてくれた。皆言葉が出て来ない。ダネス氏ごめんなさい。そして有難う！

メディーやオーラ、お隣のケイン、ロビー、ジャッキー、娘のディアナ、ニコラスさんにもお礼を言わず出て来てしまった。心の底から残念でそして申し訳ないと思った。冗談だったかもしれないが、結婚を断ったのだからダネス氏の所にそのままいてはならないと思ったのだが、違っているでしょうか？

そういえば肉屋のおじさん、花屋のおばさん、八百屋の若夫婦にも「さよなら」も言わずに来てしまった。皆は日本の三人の娘は何て薄情な娘、親の躾がなっていない！　と怒っているかも……しれない。

バスでデン・ハーグ駅に行き、アムステルダムの多田さんの所に行き、キャンセル料25ギルダーを支払う。多田さんは散々文句を言うがさっさと支払って出て来た。

駅に荷物を預けた後、日本航空アムステルダム支店に行く。２００ドイツマルクとトラベルチェック３００ドル支払う。

残金11万１１５０円は帰国後2週間以内に支払う事にする。当ては無いけれど、まあ、何とかなるでしょう。

夜8時18分アムステルダム発コペンハーゲン行きの列車に乗る予定なので少し時間が有る。アムステルダム観光チケットが有るので（私だけ日本航空からのサービスチケットがある）三人で出掛ける。

アイスクリームを食べ、バーに立ち寄った時は洋子と隆子はリキュールを飲んだ。私はお酒を飲まないので丁度良かった。飾り窓街を見に行ったがここは私達が来る所では無いと思った。

以前大嶋さんと来た事を二人には言わなかった。

コペンハーゲン行きの列車は混んでいてコンパートメントを予約していたにもかかわらず腰掛けられず暫くは立っていた。

駅に着く度に降りる人がいてやっと予約していたコンパートメントに入ることが出来た。二人のアメリカ人が降りて行くとコンパートメントは私達三人だけとなり手足を伸ばしてゆっくり寝る事が出来た。

三人とも疲れていたのか、横になると直ぐ寝てしまった。

1968年7月18日㈭　晴れ

寝過ごしてしまいリューベック迄来てしまった。ハンブルグ迄引き返す。

奥路さんの所に行くが不在だった。大家さんに部屋に入れて貰い、勝手にスープを作り持っていたパンで朝食をとる。

洋子が奥路さんに紹介された中国飯店オーナーのベビーシッターの面接に行く。洋子が戻って来る迄、隆子と二人でコーヒーを飲みながら今迄の旅の話をする。体調の悪いダネス氏を置いて出て来た事が心配だった。この時、ダネス氏から結婚を申し込まれたが、断った事を隆子に初めて話をした。隆子は何となく気付いていたと言う。隆子は正解だったとも不正解だったとも言わなかった。

洋子がニコニコ笑いながら戻って来た。仕事が決まったとの事。

奥路さんが大学から帰って来た。近くの中華料理店で洋子の就職祝いをすることにした。ビール（私はコーラ）で乾杯。餡かけ焼きそばを注文する。先日ダネス氏が連れて行ってくれた店よりずっと安く、しかも美味しかった。

店の奥から若い男性が出て来た。日本人がいると思い出て来たと言う。彼はつい一カ月程前、東京の板橋の店にいたのだが、叔母さんのやっているこの中華料理店の後を継ぐため移住してきたのだと言う。板橋のお店の事を詳しく聞くと私の家の直ぐ傍。私と母がよく行く店だった。

びっくり！　世の中こんなことも有るのだ。杏仁豆腐をご馳走になった。

奥路さんとはそこで別れた。２〜３日前、雨の夜中に奥路さんの所を訪ねた事は、奥路さんも私も別に打ち合わせた訳でも無かったが、一言も言わなかった。

東京銀行ハンブルグ支店に行き、フランス銀貨、スイス銀貨をドイツマルクにチェンジする。洋子達二人はここで貯金をする為通帳を作った。印鑑が無くてもサインだけで作れるとの事。

急いで駅に戻り、ウイーン行きの夜行列車に飛び乗る。

コンパートメントは私達三人だけだったがハノーバーから三人乗って来た。全員の了解が無ければシートをベッドにすることは出来ない。ハノーバーからの三人には何語で話せば良いか判らない（多分ドイツ人かな？）。面倒なのでそのまま眠った。

ウイーンには一週間くらいいたい。クリムトの絵やミュシャの絵。ただ洋子達は美術館、特に絵画美術館にはあまり興味が無いと言う。私は見たい。それに、映画『第三の男』で聞いたツィターを聞けるカフェ、墓地の並木道等々。ゆっくり見て歩きたいなあ〜。

洋子達二人の都合も有るので、予定としては二日くらいしかいられないようだ。そうなるとシェーンブルグ宮殿や離宮は完全に見られない。

それよりも何よりもＹＨが取れるか心配だ。

1968年7月19日㈮　晴れ時々雨

朝7時26分ウイーン到着。駅の案内所で地図を貰いYHの場所を聞いたが不親切でろくに教えてくれない。近くのベンチに座っていると、ハワイから来た人が片言の日本語で訳を聞いてくれYHに電話を掛けてくれた。だが満員との事。別のYHに電話を掛けてくれた。

一泊だけリザーブ出来た。ハワイの人有難う！

YHに到着し手続きをし、料金を支払う。未だ部屋には入れない時間なので、荷物だけ預け食料品を買いに街へ行く。パン、ジャム、ハムを買い、綺麗な公園のベンチで遅い朝食を取る。

「ウイーンの森」行きの観光バスに乗るつもりだが、どのバスか判らない。日本航空ウイーン事務所に行くが、生憎昼休みでクローズしていた。スタッフが戻るまでの時間にツィターの聴けるカフェに行こうとしたが営業は午後、それもツィター演奏は夕方からだと言う。

仕方なく近くの公園の噴水の前のベンチに腰掛け、鳩に餌をやったりして待った。一時間半待ってやっと女性スタッフが戻って来た。

「ウイーンの森」行き観光バスは2時半にオペラ座の前から出るとの事。銀行でお金をチェンジしてからオペラ座の前に行く。

バス料金90シリング、少し高いが一番良い案として「英語で案内」のバスに乗り込んだ。四十人くらい乗っている。子供はいなかった。

一時間後、子供ワールド園に着く。子供が母親と楽しく生活する所を見学（？）する。次にクロステルノイブ僧院に行く。12世紀に建てられた僧院でステンドグラスが素晴らしく美しい。その足元には石造りの王子の横たわった像が有った。昔、王子と地主の娘との悲しい恋物語。以前母と映画で見たことがある『うたかたの恋』だと思う。別の部屋のステンドグラスも見に行く。優しい色合いでこれも美しかった。ミュージカル映画『ウイーンの森の物語』は兄が連れて行ってくれた事も思い出した。映画は私の旅の案内人、出発点でもある。本も百科事典も旅の入口であり扉でも有る。

そう思うと、もっとヨーロッパの旅をするべきではないかと思ったが、日本に帰る時間は決まっているのだ。出来るだけ見て楽しんで旅を終わらせよう。

次はカフェ・レストランに入った。ステージだけ屋根の有る野外カフェだ。カフェでの飲物料金はバス料金に入っていると思っていたのだが別料金だと言う。

コーヒー代の高いのに三人でブーブー言ったが仕方が無い、15シリング取られた。ＹＨ一泊より高い。

全員が椅子にかけると音楽が流れた。生演奏だ！『ウイーンの森の物語』をはじめワルツ『黄色いバラ』、『子犬のワルツ』、ポルカもあった（曲名が思い出せない！）。

生クリームが入ったウインナーコーヒーを飲みながらゆっくりとワルツを聴く。自然に身体がワルツのリズムに乗るのも、リトミックの授業を思い出し楽しかった。

私達が日本人と知るとバイオリン奏者の一人が立ち上がり、『さくら・さくら』を弾いてくれた。チップを上げなくてはと思うのだが細かいお金が無い。御免なさいと有難うの気持ちを込めて深く頭を下げた。

最後の曲『美しき蒼きドナウ』になるとほとんどの人がペアを組んで踊り出した。洋子と隆子は手を繋いで踊っている。私も踊りたかったがお相手がいない。こんな時ダネス氏がいたら、きっと踊ってくれただろうと思った。ダネス氏、体調は良くなっただろうかなあ〜。

帰りのバスは小雨降る青葉のアウトバーンをひた走り、オペラ座の前で止まった。楽しかったが、今は寒い。

晴れていれば公園ごとに開かれる演奏会が有るのだが、大降りになりつつある公園では無理のようです。残念！

ＹＨに行く途中のスーパーでパンやトマト、チーズ等を買う。ＹＨの前にもパン屋があった。美味しそうな「まぐそパン」を見つけ、二つだけ買った。パン屋のおじさんは日本語で「オハヨウ」と言ってパンを袋に入れてくれた（夕方なのに……）。この馬糞パンは形が本当にその物そっくり、なんだけれど美味しいのです。夕食はＹＨの食堂でとる事が出来た。尚、朝食はＹＨで出るという。ラッキー！

今日は一日楽しかった事が多く、日記に書く事が多い。ベッドで書いているると消灯時間が来たとパッと消されて……しまった。

ヨーロッパ滞在日数があと九日間となれば一日一日が大事だ。

明日からはもっと楽しもう！　もっと見て歩こう！

1968年7月20日(土)　晴れ

朝食堂に行くと日本語で話し掛けてくる女性がいた。朝食はYHで出してくれる。まぐそパン2個、ゆで卵、バター、ジャム、オレンジ1個。紅茶は自由。コーヒーも有ると思ったが運悪く無かった。

彼女の話では以前4年間京都の大学に留学していた事が有ると言う。日本での楽しかった思い出を手振りも面白く、楽しく話をした。又京都に行きたいと言う。時々京都弁が入った。お互いに名前と住所、電話番号を書いて交換した。私達は彼女とオペラ座迄行き、そこで別れた。

日本航空ウイーン事務所に行く。シェーンブルグ宮殿に行く相談をしたかったが日本人スタッフがおらず、オーストリアスタッフでは会話もおぼつかない。その時日本人男性が飛行機の予約に来た。彼はウイーンに音楽留学しているのだと言う。シェーンブルグ宮殿は半日くらいでは回り切れない、少なくとも一日は掛かるので計画を改めた方が良いとアドバイスしてくれた。今晩夜行列車に乗るので明日という訳にはいかない。それに今日は土曜日、銀行がクローズで換金が出来ない。困ったねえ~と言っていると、さっきの男性が来た。話をすると男性は電車代だけだと言って15シリングを渡してくれた。お金をお返し出来るとは思わないがお名前を聞いた。

彼の名前は藤本さん。藤本さんは来週から一カ月だけ日本に帰ると言う。私は私の名前と会社の名前、電話番号を紙に書いて渡した。名前が似ているねと言って笑った。もし、日本でお会いした時はコーヒーに大きなケーキをご馳走させていただきますね。藤本さんとはそこで別れた。

すると、知らないおじさんが電車の車掌に何か話していると思ったら、運賃を安くしてくれるように頼んでくれていた。15シリングが10シリングになった。何だか嬉しい。人の優しさ、親切さに涙がこぼれた。交渉してくれた人と車掌さんに折紙で折った鶴を渡した。

12時30分発ローマ行きに乗ることにしたが未だ時間がある。

ヨハン・シュトラウスの像が有る公園に行き、傘をバイオリンに見立てて像と同じようなポーズで写真を写した。近くで見ていたイギリス人男性も面白がって、

ヨハン・シュトラウス記念像

矢張り同じようなポーズで写真を何枚も写していた。

公園では街の人々がバイオリンやフルート、ビオラ、ギター等の楽器でワルツを演奏し、誰でも自由に踊りに参加している。ウイーンの人々、子供も観光客もワルツを楽しんでいる。ふと見ると、YH前のパン屋のおじさんが正装でバイオリンを弾いている。私を見て笑いながら頷いた。花屋のおじさんはチェロを弾いていた。私も知らない男性に誘われワルツを踊った。

駅に行く途中でパンとチョコレートを買う。5シリング。公園のベンチでパンに有る物を挟んでサンドイッチを作って食べる。少し惨めな気がする。でも、あと一週間を楽しむことにしよう。

ウイーンからベニスに抜ける鉄道。こんなに美しい風景を見られるとは思わなかった。雪を被った高い山、青い湖、緑の森、高～い橋、高～い鉄橋の幾つか。絵に描いたように美しい！　夜9時だというのにまだまだ明るく、雪を被った山々はくっきりと空に聳えていた。

マリア・テレサ広場

1968年7月21日㈰　晴れ

午前10時ローマ駅に到着。駅でお金をチェンジ。

日本航空で貰った地図を見ながら、とにかくトレビの泉の噴水迄行く。

彫刻の大きさと素晴らしさに暫く立ったまま見ほれた。

泉の中を覗くと沢山のコインが投げ込まれている。私も後ろ向きに5円玉を三個投げた。父と母の分、そして私が再び来られるように。

又来られるといいなあ〜との願いを込めて……投げた。

噴水脇のアイスクリーム屋さんでアイスクリームを買い、歩きながら食べる。「兼高かおる」の旅でも出て来たアイスクリーム屋さんだ。

又、地図を見ながらフォロ・ロマーノとエンマヌエル記念塔を眺めた後、コロッセオを見に行く。思っていたより大きく、一番高い所に立つと更に大きな事が判った。

ソ連がチェコに侵入と聞いて第三次世界大戦になるのではと恐れ、急遽帰りを急いだが、早とちりだったのだろうか？　ヘルシンキの戦争博物館やアムステルダム戦争博物館で見た写真、更にアンネの家での資料の数々、ダネス氏の呻き声。思い出すまでも無く怖かった。

テレベ川に沿って歩いていると川の反対側から私達に向かって「毛沢東マンセイ！」と叫ぶ三人のイタリアの兵隊さんがいた。私達三人は「日本人で〜す！」と大声で叫び返した。すると兵隊達は「日本人マンセイ！」と言ってサッとどこかにかくれた。

サン・ピエトロ寺院迄行き、美しい橋を渡ってヴァチカンに到着。

私は普通のワンピースなのでOKだが、洋子達は二人ともジーンズのズボンを履いている。宮殿内に入れるかどうか私が見に行く。ズボンの人でもジーンズの人は追い返されていた。又、肩の出る服の人もNOとの事らしい。二人と相談のうえ柱の陰で、上着が長めのパジャマに着替え、澄まして入って行く。パンツが見えそうでドキドキしたが無事入ることが出来た。

スイスの傭兵さん、前はチェックするが後ろは関心無いようです。

宮殿内は素晴らしい！　天井も高い。有名な彫刻も目の当たりにし、その素晴らしさに溜息を吐いた。以前の法王の亡骸（ほとんど骸骨）もガラスケースに収められ金銀の布に包まれて展示されていたが、怖かった。地下の納棺場はヒヤッとするほど寒かった。

かれこれ一時間程見学し、建物を出ると二人は急いで柱の陰でジーンズのズボンに履き替えた。入館中二人はしゃがんだりせず（パンツを見られないように）背筋を伸ばしたまま見学していたのも可笑しかった。

美しい制服を着たスイスの傭兵さんがチラッとこっちを見たようだったが、知らん顔をしてヴァチカン宮殿を離れた。

「真実の口」には行かれなかった。急いでＹＨに行ってみたが満員で泊まれない。たまたまそこにいた日本の男性が、何とかならないか交渉してくれたのだが、矢張り無理との事だった。「駅のベンチで過ごす？」と相談していると男性が駅前のペンションを紹介してくれた。

ペンションに泊まれる事になった。三人で一泊１８００円くらい。ＹＨより少し高いが気持ちが良い柔らかいベッドで満足。久し振りに洗濯をし、頭も洗う。バスタブは付いていない。バスを使うのには別料金を支払うか高い部屋に移るしかない。シャワーで我慢する。お湯が出るだけで満足、満足！

夕食は近くのスタンドピザ屋でピザを食べる。

夜、大事件が起きた。隆子のペンのインクが漏れ、シーツに大きなシミを作ってしまった。洋子はこのホテルでもう一泊したいと言っていたが困った。仕方が無い。見つからない内に明日の朝早く出掛けてしまう事にして、ベッドに早めに入る。

７月28日、飛行機に乗るとなれば27日にはアムステルダムに着いていなければならないが、もう一度スペインに行きたい。ジェノバ海岸も通りたい。強行すれば何とかなりそうだ！……かな？

1968年7月22日(月)　晴れ

8時半起床。

隆子と二人でパンを買いに行く。朝のパンは特に美味しい。パンと葡萄を買い、ペンションに戻る。食後は荷物を作りペンション代を払い、預けていたパスポートを返して貰うと急いでペンションを離れた。申し訳無いがパスポートを取り上げられたならば私達は旅どころか、私は日本に帰る飛行機にも乗れなくなる。インクのシミがばれないうちに……本当に御免なさい！

昨日のピザ屋さんでピザを一人三枚ずつ買う。一枚の大きさは20センチくらいだ。ピザを食べながら歩く。日本では考えられない行動。

一枚だけ後の為残しておく。

ジェノバ海岸を通る列車に乗る。洋子もピサの斜塔を見たいと、同じ列車に乗る。洋子は頻りに泳ぎたいと繰り返し言う。

隆子は私とアムステルダムに行くと言う。二人は初めて別々の行動をとる事になる。

ピサに近づくと隆子は、英語もイタリア語もあまりしゃべれない洋子に、頻りに「大丈夫？」と聞く。洋子は内心心細いのだろうが「うるさい！」と怒鳴った。それでも隆子は「食べたいときはこう言うのよ」「道を訊く時には……」等と小声で頻りに教えていた。

ジェノバ海岸は起伏のある海岸で美しかった。列車からでも充分素晴らしい風景が見渡せた。進行方向左に座り海岸を眺めた。

ピサに到着すると洋子一人だけ列車を降りる。列車が走り出すと洋子は淋しそうに手を振っていた。隆子も心配そうに手を振る。

ニースはイタリア観光の目玉だ。時間が有れば1〜2泊したいが駅のホームに降りただけで我慢する。マルセイユを通ってスペインのポートビューで乗り換える。

マルセイユは南仏一の港町。大嶋さんはここから船で日本に帰って行った筈。もう二週間以上経つけれど、元気かなあ〜。

車窓からだけど大きな寺院の尖った屋根が見えた。あまりの高さに尖塔の十字架が空にささったように見えた。

途中のニースから黒人の女性二人がコンパートメントに入った。同室のアメリカ人とずーっと声高に話し続けるので寝られなかったがマルセイユで黒人二人が降りた。ホッとしたのに、今度は太ったおばさんが入って来た。横になって寝られなかった。

1968年7月23日㈫　晴れ

朝6時ポートビューに到着。眠くて仕方が無い。昨夜は横になって寝られなかったのがこたえたようだ。更にマルセイユから黒人5人家族（子供3人）が無理矢理入って来た。この家族は賑やかに喋り、食べ、お金をジャラジャラ数えたりしていたので眠れなかった。それなのに急に静かになったと思ったら全員スヤスヤと眠っていた。

ここでバルセロナ行きに乗り換えた。

10時半、バルセロナ到着。お金を駅でチェンジ。インフォメーションで案内地図を貰うのに30分も掛かった。今夜乗る列車をリザーブする。街をぶらぶら歩いていると男性が行きずりに洋梨を一つくれた。二つくれれば良いのに、と言いながらも嬉しかった。

ミルク屋でミルクを買いコインを渡すと、おばさんはいきなりコインを大理石のテーブルに投げつける。そして「このコインはＮＯＮ」と言う。次のコインも頭を振りながら「ＮＯＮ」と言う。他のコインも同じように「ＮＯＮ」と言う。訳が判らないが、多分コインの金か銀の容量が足りないのだろう。

急いで銀行に戻り紙幣に換えてもらう。今度はおばさんは笑顔でミルクを売ってくれた。サラミとトマト、ピクルスも買う。通りがかりに美しい公園を見つけたので、食事をする事にした。パンに食材を挟んでサンドイッチにして食べ、ミルクを飲んだ。デザートは葡萄。貰った洋梨はナイフで半分に切って分けて食べた。美味しかった。

荷物が重いので隆子と代わりばんこに観光することにする。

隆子が先に出掛けて行った。私は公園のベンチで待つ。木陰は涼やかでゆっくり休んだ。隆子は一時間ちょっとで戻って来た。

今度は私の番だ。花の美しい公園があちこちにあり、オレンジの実を付けた木のある公園もあった。

日本の男性に出会った。旅の話を色々と話した。少し案内してくれると言う。折角のバルセロナ。コロンブス記念塔とサンタ・マリア号（勿論レプリカ）を海の近くまで見に行く。コロンブス記念塔は黒々と高く空に刺さっているみたいだった。サグラダ・ファミリアにも行く。

コロンブス記念館

完成にはあと２００年は掛かるとの事。建設工事用のエレベーターで塔の天辺まで行き、後は狭い階段を身を斜めにしながら上り、玉葱頭の塔に出る。足も竦みそうに高くて怖い。

日本人彫刻師が一人いるとの事だが会えなかった。その日本人の名前を聞き損なったがその人が関わるようになってから、工事はかなり早く進んだと言っていた。完成は１００年後になったかな？

グエル公園まで行かれそうもない。男性とはお名前を聞きもしないまま、ここでお別れする。隆子の待つ公園に戻る途中、ケーキ屋さんでクリーム菓子を買う（6ペセタ、約36円）。食べながら歩く。美味しかった。隆子にも買って帰った。

駅に向かい、マドリッド行きの列車に乗る。朝リザーブしておいた列車だ。スペインの列車はリザーブしておかないとたとえＥＲパスを持っていても乗れないのだ。特に夜行列車はコンパートメントなのでリザーブは必須だ。今回のコンパートメントには私達二人の他に四人の人が入ってしまったので横になって寝る事が出来ない。

ＥＲパスを持っているらしいのだが、リザーブしていなかったのだろう、あっちに行ったり、こっちに行ったり席を探している人が何人もいた。

そして乗車を諦めた人を残して列車は出る……筈だったが時間になっても出発しない。三十分は過ぎている。

いかにもスペインらしい……と思った。

1968年7月24日(水)　晴れ

朝7時半、マドリッドに到着の筈が8時半到着になった。

以前から欲しかったレザーのネクタイをお土産屋で3本買う。隆子は2本買う。次にデパートでレザーの財布を4個（一個59ペセタ）買い、水筒屋ではレザー製水筒を3個（全部で400ペセタ）買う。少しでも「まけて！」と粘り、10ペセタまけて貰う。アイスクリーム代だけ浮いた。

駅に戻り、パリ行きの列車をリザーブするが夜の8時発しか無い。パリ到着が翌日の夜7時になるが仕方が無い。丸一日掛かるがこれより他に方法が無い。リザーブする。

スペイン広場迄戻り、買ってきたパンでサラミとレタスのサンドイッチを作りお昼にする。そんな私達を人々は珍しそうに眺めながらビノを飲んでいる。そんなに日本人が珍しい？　動物園のお猿状態だ。

私はさっき見たケーキ屋さんに行き、ケーキを一個3ペセタで2個買い、公園で待っていた隆子と食べる。

隆子がトイレに行くと言って探しに行った。

ピーナッツを売っているおじさんがいる。なかなか売れない。おじさんはただ黙って座っているだけ。人々は通り過ぎて行く。

私はおじさんの所に行くと「いらっしゃ〜い、いらっしゃ〜い」と手を叩き呼び込みをした。アッと言う間にピーナッツは売れ切れた。『日本人の娘が面白そうにピーナッツを売っている』という事らしい。おじさんは大喜びで新聞紙を三角にして脇の袋からたっぷりピーナッツを入れると、私にくれた。何だ！　未だ有ったのなら早く出せば良いのに！

おじさんは又ピーナッツの袋を並べた。私が立っているだけでピーナッツは次々売れた。売り切ったおじさんは筵を畳み、帰り支度をしていた。

隆子が戻って来たので、おじさんとバイバイする。

時間はたっぷりある。スペイン広場のドン・キ・ホーテもパンチョス像もたっぷり見た。何かもっと見たい。

日本語で話し掛けてきた男性がいた。日本政府から海外協力隊としてモロッコに土木指導に来ているのだと言う。今日は休暇なので友人とこの広場で待ち合わせているのだと言う。モロッコの話を色々と聞く。蛇使いの話も聞いた。

気付くと彼は雪駄を履いている。仕事の時以外はこんな気楽なスタイルで過ごしているそうだ。待ち合わせていた友人三人がやって来た。皆日本人。広場のカフェでレモンスカッシュをご馳走になる。又モロッコの話になるが次の予定が有るとの事、そこでサヨナラする。モロッコの話、もっと聞きたかったなあ〜。私も海外協力隊員になれるだろうか？　考えてみよう。どんな条件が必要か彼の話で少し判った。

あまりにものんびりしてしまった。美術館に行こう。ピカソの絵『ゲルニカ』を見たいと思ったのに今はアメリカに貸し出していると言う。

有名な『裸のマハ』を見ていると、「閉館時間です」との事で追い出されてしまった。慌てて食料を買いに行く。パン、ジャム、クッキー、ジュース、果物（ぶどう）、ハム、トマト。スペインのお金を全部使った後、急いで列車に飛び乗った。

以前、スペインに留学している女性から「スペインで政治批判や大統領批判は絶対しないように。かなり重い刑を処せられるから」と注意された事を思い出した。魅力ある国なので暫く住んでみたいとは思った国だが……日本程の自由は無い国のようだ。

列車が走り出してから夕食をとる。スペインに来たらパエリヤだ！　と思っていたのにとう食べる事が出来なかった。観光客用なのかやけに料金が高かった。

同じコンパートメントのスペイン人が窓から見える立派な寺院や山の上の十字架や美しい風景を指差しながら教えてくれた。説明はスペイン語なので詳しい事は判らないが、お互い笑いながら頷いた。寺院の名前はエスコリアル寺院との事。

座席がベッドにならないので、横になって寝られない。

我慢！　我慢！　である。

1968年7月25日㈭　晴れ

午前6時半スペインとフランスの国境駅に到着する予定なのに7時を過ぎていた。日本なら大変だがここでは特別驚く事では無い。定時に着く事の方が驚きだそうだ。変なの！

国境で税関検査がある。何だかもたもたしていると思ったら、若いフランス人の係がやって来てフランス語で「旅行者か？」と聞く。

「ウイッ」と笑顔で答えた。フランス語で「ここで待つように」と言う。待っていると別の係員の方に連れて行こうとする。「英語で話して」と言うと仲間とごちゃごちゃ話し合っている。

乗り換える列車の時間は過ぎているので気が気では無い。

「日本語でしゃべって！」と日本語で叫んだ。上官が「通って良い」と渋々顎をしゃくった。

私達二人の荷物はテーブルの上に全部広げられ調べられていた。

最近観光客を装って麻薬を持ち込む運び屋がしきりとの事。私達二人も日本人運び屋一味と思われたのかもしれない。

「見ただけでただの旅行者って判りそうなのに」二人でプンプンしながら荷物をバッグに押し込み、フランス側のパリ行き列車に乗り換える。

コンパートメント列車では無く普通の座席列車だった。洗面を済ますと早速サンドイッチを作り食事をする。

フランスの田舎を走る。これと言った風景では無い。スイスやオーストリア等のような美しい景色は見られないが、淡々と広がる畑、時々緑の森といった風景もそれなりに美しい。ぶどう畑も連なり、いかにも「フランスだね〜」と二人言い合った。

午後4時過ぎ、パリ、オステルリッツ駅到着。駅で換金するのをうっかり忘れた私達。フランスのお金が無くてはバスにも乗れない。街では銀行も開いていない。換金できるホテルも見当たらない。アムステルダム行き列車は北駅から出るので、仕方なく歩いて行く事にした。一時間半掛かった。

アムステルダム行き列車に乗りたいと、駅員に英語で聞いてしまった。「イングリッシュ・ノン」と駅員は大声で言うとさっさと行ってしまった。

「パリは嫌いだー!」二人で駅員の背中に向かって日本語で叫んだ。

別の駅員に英語とフランス語まぜこぜで聞いた。彼は「TEEが後7分で出発する」と英語で教えてくれたがERパスではTEEに乗る場合は別に特急料金が必要である。それと同時にアムステルダム駅到着は夜11時になる。仕方が無い、一度ケルンに出てそこで乗り換える方法を取る事にした。

3時間程時間がある。北駅からモンマルトルの丘はそんなに遠くない。モンマルトルに二人は未だ行っていないので行ってみる事にする。何人かの人に聞きながらモンマルトルの階段下に辿り着いた。階段脇は緑の芝生に整備されていて美しい。サクレ・クール寺院も白く輝き、絵葉書で見るよりも美しかった。

人々は階段に腰掛けたり、写真を撮ったり、鳩に餌をやったり、子供と遊んだり、新聞や雑誌を読んだりしていた。私達二人は重い荷物を持って階段を上った。

絵を描く人達はここから少し離れたところにいるので一人も見当たらなかった。階段の頂上、寺院の前からはエッフェル塔、ルーブル美術館、アンバリッド等々パリの街一望である。ゆっくり眺めていたいのだが、生憎時間が無い。急いで駅まで戻った。途中で食べ物を買いたいと思ったがフランスのお金が無い。駅の売店でファンタオレンジを一本（100円）買うお金しか無かった。夕食は夜8時、パンにハム二切れ、プラム1個、ファンタオレンジ半分こ。淋しい食事になった。

コンパートメントの中は私と隆子の他にドイツ人女性一名、アメリカ人女性一名。四人の女性は、ドイツ語、英語、時々フランス語とスペイン語、少々の日本語とジェスチャーを取り混ぜ、賑やかに色々話をした。スペインのように話の内容に気を使う事は無かった。

面白く楽しい時を久し振りに過ごした。

ケルンで乗り換えなくてはならない。寝過ごさないようにしなければと気になり日記を書く事にした。

1968年7月26日㈮　晴れ

早朝3時、ケルン到着。ホームに降りるがアムステルダム行きの列車は6時まで無かった。急いで今降りた列車に戻り、デュッセルドルフ迄行く事にする。少しでも時間を稼がねばならない。

デュッセルドルフに到着。あまりにも寒いので待合室を探すのだが、見当たらない。レストランが有るだけだが一等と二等に分かれている。中に入らずに立っているとポリスがやって来て浮浪者を何人か追い払った。私達も追い払われるかと思ったが、何も言わず通り過ぎた。私の方から「ここにいて良いか？」と聞いてみた。「旅行者か？」と聞く。「そうだ」と言ってERパスとパスポートを見せる。

「切符を持っているならレストランに入って待ちなさい。何も食べなくても良いから」と片言の英語で言ってくれた。

私達は喜んで一等のレストラン（待合室）に入りテーブルに着いた。

ボーイが「何か飲むか？」とドイツ語で言ってきたが英語で「結構です」と言うと何も言わず戻って行った。

日記を書いていると一人の老人がやって来て同じテーブルに座り、歯の無い口をモグモグしながらドイツ語で話し掛ける。私は折紙で鶴を折って渡してあげた。老人は喜んで又何か言ったが、何と言ったかは判らなかった。きっと「ありがとう」と言ったのだろう。

6時27分、アムステルダム行きの列車に乗る。アムステルダムには10時に着いた。変な気がするのだがアムステルダム駅は懐かしい気がするのだ。東京駅に着いた気がするのかもしれない。

YHには時間外で、未だ入れないし予約も取れない。荷物を持ったまま駅前にある観光案内所に行き、日航搭乗チケットを見せ、日航観光チケットを貰う。勿論私一人分だけ。荷物を駅に預けた。

先ずコーヒーを飲むことにする。オランダならココアかもしれないが、コーヒーを飲むことにする。デパートでコーヒーとケーキを注文する。チケットは私一人分だけの筈なのに隆子の分も出してくれる？

コーヒーを飲みながら、ベビーシッターをしている洋子の話になる。

「今どうしているかしらねえ〜」「子供は九人だそうよ」「ええッ！」

次はダイヤモンド工場見学だ。ダイヤを磨く技術は世界一との事。

説明してくれる女性は頻りに買わないかと勧める。確かに日本で買うより安いかもしれないが、借金をしながら飛行機に乗る身では無理だ。

やんわり笑って断る。

次は隆子が待望のビール会社ハイ・ネッケンに行く。午前10時と午後3時の二回が見学時間との事。10時はもう人数オーバーとの事なので3時の予約をした。

お昼をする事にして、貰った地図を見ながらぶらぶら歩く。サンドイッチ一人前を買い、二人で半分ずつに分けて歩きながら食べる。大きいので丁度良い量だ。歩きながら食べる事は日本では考えられないが、癖、いや平気になっていた。

途中レンブラントの家も近くにあるとの事で見に行く。隆子はあまり興味が無いので外で待っていると言う。隆子は一人だけしか入れないと思っていたからだった。係の人が「無料です。どうぞ」と言ってくれたので隆子は大喜びで入館する（絵に興味が無いのは洋子だ）。

次はニシンを食べに行く。日本のよりかなり小さい鯵ぐらいの大きさの生ニシン。腸を取ってみじん切りの玉ねぎを挟み、マヨネーズか辛子を乗せ、口を上に上げてそのまま食べる。オランダでは夏の風物詩との事。魚を生で食べる習慣の有る日本人にとってはお手の物だ。キッコーマンのお醤油も出て来た。

次に煙草屋に行く。これも日航のチケットに組み込まれている。煙草を一箱貰う。父への良いお土産になった。煙草を吸う隆子がほしそうにしているが、駄目です！　父へのお土産です。ごめんなさい！

午後2時、急いでＹＨに戻り予約をする。本当に運よく二泊予約が取れた。一泊3ギルダー、やけに安いと思ったら、訳が有った。

宿泊の建物はこの建物では無く、二号館との事で街中を少し離れて運河の先だと言う。シャワーが無いとの事。但し一号館のお湯のシャワーが使えるとの事。

ビール会社に行く時間になるのに、何故か隆子は行かないと言う。シャワーを浴びたいからだと言う。ビールを飲まない私が行ってどうするのよ！　チケットの無い自分だけ断られるのでは無いかと思ったのかも……しれない。ビール好きなだけ飲めるんだよ！

ビールを飲まない私なのに一人で出掛けた。以前日本で川口にあるサッポロビールの工場見学に行った事を思い出した。

オランダのビール会社ハイ・ネッケンの入口は長蛇の列。並んでいると係の人が来た。日本航空のチケットを見せると、私の後ろに付いて来て欲しいと指を一本立てて指示をする。私を列の一番前に立たせた。工場見学の後、綺麗なホールに案内された。案内された人達は飛行機のチケットを持っている人だけらしい。ヒッピーの人達（実は私もヒッピーなんです）が沢山並んでいたのにこのホールには見当たらなかった。

テーブルの上には色々のチーズを載せた銀の大皿、メロンに生ハムを載せた銀の大皿、その他サラミにソーセージ、焼きベーコンやコロコロステーキの大皿。デルフト焼きの小さな器には上等なピクルスも楊枝が刺されて置いてあった。トマトやレタス、ブロッコリー等のサラダも大きなガラスの器で出ていた（隆子さん来れば良かったのに……）。

飲めないビールをチビチビ舐めながら生ハムやサラミ、コロコロステーキ、ソーセージ等々、ミニトマトとレタスもたらふくいただいた。

カナダ在住の日本人二世と出会い、片言の日本語と片言の英語で旅の話を色々する。彼女はパンナムのチケットで来たと言った。

リュックサックを背負ったヒッピー旅行者はこの無料で飲んだり食べたり出来るのを狙って時には午前にも午後にも並ぶ人がいるとの事。今日並んだ人の中に昨日も来ている人がいたそうです。

帰るとき、ネッカチーフのお土産をいただいた。

パンだけを買って、YH一号館に戻ると隆子は荷物を整理して私を待っていた。ごめんなさい。ほろ酔いの私はいっぺんに醒めた。

YH二号館を探しに行くが、手渡された地図が不明瞭なのでそんなに遠く無いのに、見つけた時には6時を過ぎていた。夕食の食べ物を買いたいが閉まっている店が多く、充分買えなかった。一号館に戻り手持ちの食料とチェコの女性に貰ったジャムで夕食を済ます。

チェコの女性に日本語を教えている間に、隆子はシャワーを浴びに行った。私はそっとチェコの女性にソ連侵入の事を聞いてみた。

彼女は暗い顔になり俯いた。聞いてはいけなかったのだろうか？

私もシャワーを浴びたいので、お金をシャワーコインに換え、浴びに行く。久し振りに頭を洗った。気持ちが良かった。洗濯もした。

夜9時、日本航空のチケットを全部使ってしまおうという事で、オランダ料理を食べに行く事にする。ホテルのレストランというのに隆子はサンダル履き、私はあまり綺麗では無いが一応ハイヒールを履いて行った。バッグは二人とも買物籠みたいな物だった。

レストランで隆子はジン・コークを飲み、私はオランダ料理を頼んだ。一時間たっても料理は出て来ない。私の料理はどうしたのかと聞くとウエイトレスは「さっき貴女はいらないと言った」と言う。

「二人の内一人はいらないと言った」と言うと「急いで作るので待ってほしい」と言う。

YHの閉まる時間は10時だ。それを過ぎると入れなくなる。「あした来る」と言って急ぎYHに戻った。帰る途中居酒屋でコーラを飲みたいと思ったのだが、酔っているオランダ人が話し掛けて来る。

「ごめんなさい、急いでいるので」と言い、本当に急いでYHに飛び込んだ。ギリギリ10時。セーフ！

ベッドに入ってもなかなか寝つけない。日記を薄暗がりの中で書く。

オランダのそれもアムステルダムにいるのに、ワッセナールに行かない。ダネス氏の所はここから一時間半もあれば行かれるのに……何故か隆子もそれを言わない。ダネス氏の淋しそうな顔が浮かんだ。

1968年7月27日(土)　晴れ

7時半起床。残っているパンと温めたスープで朝食を済ます。今日は土曜日なので午前中に買い物をしないと店は閉まる。荷物をYHに預け駅まで歩く。東京駅はここアムステルダム駅がモデルになっている。なぜか懐かしくホッとするのはそのせいかもしれない。

切手が欲しいのだが、土曜日なのでポストオフィスはお休み。セントラル・ポストオフィス迄行くことにした。矢張りオフィスは閉まっていたが切手は自動販売機で買う事が出来た。

昨日行きそこなったボルス酒場に行ってみたが午後1時半まで閉まっているとの事。仕方が無いのでランチを食べる事にする。昨夜のレストランでは無く、インドネシア料理を食べる事にする。

隆子が急に行かないと言い出した。ビール会社の時と同じように考えたのかもしれない。日本航空のチケットに組み込まれている料理店、私一人分だけなので隆子は遠慮したのかもしれない。

別に支払う事になった時は私が半分持つからと言ったのだが行かないと言う。仕方が無い、又、私一人で行く事にする。一寸心苦しい。

インドネシア料理は、幾つもの小さなお皿に色々な料理が載せられて出て来た。大皿にはライス（米粒が細長くサラサラしている）。どうやって食べるのか判らずにいると、ボーイがやって来て大皿のライスの上に小皿の料理を次々載せ、その上からスープを掛け全部をまぜあわせてから食べるのだと、オランダ語、インドネシア語、時々英語で説明する。その説明はジェスチャーの方が判りやすかった。

言われた通りにして食べてみる。凄く美味しかったのでテーブルに載っている料理を全部載せて食べてしまった。

ボーイがやって来て「美味しかったですか？」と聞く。

「とても美味しかったので、全部食べてしまいました」と言うと喜んでくれた。コーラ1ギルダー、コートの預け代０・２５ギルダー取られた。

待ち合わせ場所で隆子と会う。デルフトの食器店を覗いていた隆子を連れてボルス酒場に行く。酒場ではサイコロゲームをしている人が2～3人、カウンターには女性が一人。隆子はリキュールを頼んだが、お酒を飲めない私はコーラを頼んだ。雰囲気が良くない。早々に酒場を出る。ボルス博物館も有るが、土曜日の為休館になっていた。

駅に戻り荷物を引き出し、必要な物だけ出してから又預けた。

ＹＨに戻り夕食の用意をする。パンにハムエッグ、スープ、デザートはバナナ。

シャワーを浴びてから私だけ夜のグラスボートに乗りに行くが最後のボートが出てしまっていた。係の人が「明日の夜、来てください」と言う。「明日は日本に帰るので来られない」旨話すと残念というように手を広げて肩を上げて見せた。あと5分早ければ乗れたのに……。

アムステルダムはこれでお終いです。ヨーロッパもさよならです。

第三次世界大戦は起きる様子も無い。ソ連のチェコ侵入だけで終わったのだろうか？　早まったかな〜。今更どうしようもない。

YHに戻り荷物を整理し、日記を書きヨーロッパ最後の夜を静かに眠る事にしましょう。

ダネス氏又発作が起きていないだろうか？　白いタウンホールは素敵だったなあ〜。

1968年7月28日(日)　晴れ

朝7時起床。本館に行き朝食をとる。残ったアップルジュースを飲み、残った食材でサンドイッチを作り隆子と食べる。二人での食事もこれが最後になる。

駅に行き荷物を取り出した後、隆子とはここで別れた。長い旅を一緒に歩き、本当にありがとう！　難しい洋子の面倒をよく見てくれた。別れるのは淋しいが仕方が無い。隆子は取り敢えずドイツでベビーシッターをしている洋子の所に行くと言う。「洋子さんに宜しく伝えて。元気でね！」と言って別れた。

トロリーに乗りKLMバスターミナルに行く。そこでインドの人と英語で話す。オランダ語やドイツ語より話し易かった。彼は南回りの飛行機で帰ると言う。空港まで一緒に行く。

空港までのバス代、1・5ギルダー。

空港の税関で荷物の重量を量るが重量オーバー（10キロ）、係の

人が荷物の軽い人に少し持って貰ってはどうかと提案してくれるが、皆荷物は定限いっぱいで駄目。仕方が無い、床にトランクを置き、開くと集めたパンフレットや小冊子等どんどん捨てた。口惜しい！

カメラ、三脚、大事な本、日記帳、コイン、はさみ等は身に付けたりポケットに入れたり、バナナは急いで食べたりした。小さなものはハンドバッグに入れたりし、かなり苦労した。

但し素焼きのワインポットは草で編んだ買物籠に入れて抱えた。

すると、見るに見かねた日本の男性がやって来ると、日本航空で荷物として送れば通常の3分の1の料金で送れるとアドバイスしてくれた。でも、そのお金が無いんです。

何とか色々捨てて、さっきのとは別の窓口に行くとトランクだけ計り、OK。素焼きのワインポットはそのまま抱いていけば良いと言ってくれた。

椅子に座って時間待ちをしていると、さっきの係の人がやって来てグッとワインポットを入れた籠ごと持って行き、計器にかけた。前の係員が注意したのだろう。改めて量っているらしい。ドキドキしていると係員が戻って来て「ノー・オーバー」と言ってポットを入れた籠ごと戻してくれた。素焼きのポットは壊れ易いんで〜す。

ダネス氏に電話で「アリガトウ、サヨナラ」を言おうと思ったがきっと泣いてしまうだろう……止めた。帰ったら手紙を書こう。

全く知らないおじさんに荷物を持って貰い、税関を通過。出国税75ギルダーを出し、パスポートを渡されて出国完了。ホッとする。残った小銭で最後のお土産を探す。父にタバコを一箱、母にオランダのシンボル、チューリップの絵の付いたチョコレートを買う。さっきの知らないおじさんに又荷物を持って貰い、機内に乗り込む。

飛行機は747。おじさんはファーストクラスに行った。席を替わってくれる親切な人がいて窓側に座る。機はコペンハーゲンに向かって飛ぶ（給油の為）。

地上の美しい景色、名残惜しいヨーロッパ。緑の森や広い畑、銀色に光る川、赤や青の屋根、海上に出れば波がキラキラと輝き、暫し我を忘れて見惚れていた。

機内では日本のスチュワーデス、スチュワートが熱いタオルを渡して回り、グッと香り豊かな日本茶をサービスしてくれた。

日本だー！

嬉しいのと共にヨーロッパにも名残惜しい気持ちは大きい。もっと旅を続けたかったなあ〜

……と思ったりもした。

昼食が出る。オープンサンド（スモークサーモン、生ハム、チーズ）と紅茶やコーヒー。時々窓の外の景色を見ながらたべる。

コペンハーゲン到着。一時間の給油時間の間、例のおじ様（さんが様になった）とトランジットに出る。おじ様が奥様にお土産を買うのをお手伝いする筈だったのに、おじ様はウイスキーのナポレオン・スペシャル（三千円）を買う。奥様へのお土産に水色のスカーフを、娘さんには三枚入りのハンカチーフを買った。ハンカチーフの刺繍は白鳥と人魚姫、そして緑の蛙。アンデルセンのお話に因んだ刺繍だと思う。蛙のお話ってどんなお話だったか思い出せない。蛙にされた王子様？　お姫様？　帰ったら調べてみよう。

機内に戻る。アムステルダムでは空いた席が幾つか有ったが、コペンハーゲンで満席になった。いよいよ北極圏に入る。雪のように白い、そして広い氷の海原が続く。その上を七時間飛ぶのだ。

夜食が出た。食べ物の心配をしないのは何て幸せなんだろう。イクラと鮭、握り寿司も出た。一粒一粒お米が立っている。美味しかった。日本のお米は世界一だ！

夜だと言うのに外は常に明るい。どこから照るのかしら？　ず〜っと明るいので寝られない。ナイトグラスが足りないらしく、私達の所まで回って来ない。頭からハンカチーフを被り、サングラスを掛けて寝る。なかなか寝られず直ぐ目が覚めてしまう。

北極圏を通過した時、通過証を渡された。良い記念品になった。

北極通過記念証

1968年7月29日(月)　晴れ

機上で日付が変わった。

アンカレッジで又一時間の給油時間である。

ここはもうアメリカ領なので、トランジットでの買い物はアメリカ・ドルで出来る。エスキモーの毛皮、毛皮のコート、トナカイの角の細工物。私はドルを全部飛行機代に使ってしまったので一ドルも持っていない。鮭の燻製は欲しかった。口惜しい！

一時間後、機内に入るとスチュワーデスもスチュワートも全員替わっていた。あと八時間で羽田だ。腰の痛いのももう少しの辛抱だ。

明るい日の光が目に眩しい。海上がキラキラと光っている。殊更眩しい。房総半島がくっきりと見え、九十九里海岸の白い波打ち際が特に美しく見えた。高度がぐんぐん下がる。船が見える。大井競輪場で競輪をしているのが見える。東京湾に入ってからはエンジンが止まっているので静かに羽田空港に下りて行く。滑走路にダンと着き、暫く走って止まった。

いよいよ日本だ。何とはなしに目頭が熱くなった。荷物を持ち、ポットを抱え、おじ様に「有難うございました。さようなら」と言って機内で別れた。別れ際に名刺をいただいた。

ええ!? 東大の教授ですって!?

タラップを下り、荷物の出て来るのを待ち、税関を通過するのにたっぷり一時間掛かった。フロントに出て行くと母が涙顔で、それでも笑いながら手を振っている。ポーターにお金（２００円）を渡すと手持ちのお金は10円玉五つ、50円しか残っていなかった。

父が荷物を車のトランクに入れてくれる。「お父さん、ただいま」と言うと目も合わせず「うん……。腹がへったなあ～。東条会館でご飯食べよう」そう言った。顔も見ないで「お腹が空いた」と、はぐらかした父親の気持ちが嬉しかった。娘の顔を見ても照れくさいのだろう。

疲れていたので家に直ぐ帰りたかったが東条会館ホテルへ食事に行く事にした。機内で色々沢山の食事をしたせいかあまり食べたく無かった。茄子とキュウリの漬物が一番美味しかった。

私はやっぱり日本人だ！

飛行場にて

こうして「ノブコのヨーロッパ・ヒッピー旅」は終わった。

1968年7月29日

おわりに

沢山の後悔が残った。

ジャンヌ・ダルクの足跡を辿る旅が出来なかった。

モンシャン・ミシェルにもフィレンツェにもグエル公園にもカサミラにもシェーンブルグ宮殿にもベルサイユ宮殿にも切手の国ルクセンブルグにも見に行かれなかった。

ルーブル美術館にも何度も側を通りながら、遂に行かれなかった。

モナコ公国も列車で通過しただけで街を歩く事は出来なかった。

何と言っても、イギリスに行く事が出来なかった。


日本を出る時、ノートにびっしりと旅の計画を書いていたのに、その10分の1も実現できなかった。

それが旅さ！　と言うかもしれないが、あまりにも予想外な結果だった。

そして、帰国後とうとう「海外協力隊員」にもなれなかった。

そして、アメリカ人のダネス氏に出会った事は忘れられない出来事であり、心残りの事でもあった。

帰国後、この日記を整理した上でどこかの出版社に持ち込もうと考えていたのだが、ひょんな事から結婚をしてしまった。

出産、育児と仕事、保育所探し、夫の死、その他色々……。

気が付いた時は65歳になっていたのと同時にストレスによる顔面痛を患っていた。東京からこの伊豆に静養の為に移住して20年。

とうとう85歳になった。

終活の為、改めて日記を読み返し、写真を見直す。

何とか記録を残しておきたい。出来れば本にして……。

今から56年も前の旅の日記、世の中どんな役に立つのだろうか。

自問自答を繰り返す。

結論。

何の役にも立たなくても良いじゃないか!

スマホもＶＩＳＡカードも無いあの時代、女一人ヨーロッパを目指した証「刻の記録」だ。

きちんと残しておこう。

ただ、それだけで良い……と思った。

終

ポンペイ遺跡とヴェズビオ火山

サンタ・マリア号（レプリカ）

藤村　延子（ふじむら　のぶこ）

1939年９月　東京生まれ
　女子聖学院高等部卒業。18～25歳迄祖母の介護。
1965年　外資系出版販売会社勤務
1968年　ヨーロッパ・ヒッピー旅
2003年　静岡県伊東市に移住。現在に至る

ノブコさんの
ヨーロッパ・ヒッピー旅

2025年２月26日　初版第１刷発行

著　　者　藤村延子
発 行 者　中田典昭
発 行 所　東京図書出版
発行発売　株式会社 リフレ出版
　　　　　〒112-0001　東京都文京区白山 5-4-1-2F
　　　　　電話（03）6772-7906　FAX 0120-41-8080
印　　刷　株式会社 ブレイン

ISBN978-4-86641-849-0 C0095
Printed in Japan 2025